essentials

essentials liefern aktuelles Wissen in konzentrierter Form. Die Essenz dessen, worauf es als „State-of-the-Art" in der gegenwärtigen Fachdiskussion oder in der Praxis ankommt. *essentials* informieren schnell, unkompliziert und verständlich

- als Einführung in ein aktuelles Thema aus Ihrem Fachgebiet
- als Einstieg in ein für Sie noch unbekanntes Themenfeld
- als Einblick, um zum Thema mitreden zu können

Die Bücher in elektronischer und gedruckter Form bringen das Expertenwissen von Springer-Fachautoren kompakt zur Darstellung. Sie sind besonders für die Nutzung als eBook auf Tablet-PCs, eBook-Readern und Smartphones geeignet. *essentials:* Wissensbausteine aus den Wirtschafts-, Sozial- und Geisteswissenschaften, aus Technik und Naturwissenschaften sowie aus Medizin, Psychologie und Gesundheitsberufen. Von renommierten Autoren aller Springer-Verlagsmarken.

Weitere Bände in der Reihe http://www.springer.com/series/13088

Jochen Oltmer

Die Grenzen der EU

Europäische Integration, „Schengen"
und die Kontrolle der Migration

 Springer VS

Jochen Oltmer
Universität Osnabrück
Osnabrück, Deutschland

ISSN 2197-6708   ISSN 2197-6716 (electronic)
essentials
ISBN 978-3-658-33212-9   ISBN 978-3-658-33213-6 (eBook)
https://doi.org/10.1007/978-3-658-33213-6

Die Deutsche Nationalbibliothek verzeichnet diese Publikation in der Deutschen Nationalbibliografie; detaillierte bibliografische Daten sind im Internet über http://dnb.d-nb.de abrufbar.

Planung/Lektorat: Cori Antonia Mackrodt
Springer VS ist ein Imprint der eingetragenen Gesellschaft Springer Fachmedien Wiesbaden GmbH und ist ein Teil von Springer Nature.
Die Anschrift der Gesellschaft ist: Abraham-Lincoln-Str. 46, 65189 Wiesbaden, Germany

Was Sie in diesem *essential* finden können

- Eine Darstellung der Migrations- und Grenzpolitik im Rahmen der europäischen Integration von den 1950er Jahren bis heute
- Eine Erläuterung der Heterogenität der Migrationsverhältnisse in der Europäischen Union (EU) und der unterschiedlichen Vorstellungen der Bevölkerungen in den Mitgliedstaaten zum Thema Migration
- Erklärungen für das Streben von Europäischer Wirtschaftsgemeinschaft (EWG), Europäischer Gemeinschaft (EG) und Europäischer Union, auf Kontrollen an den Grenzen zwischen den an der europäischen Integration beteiligten Staaten zu verzichten
- Eine Auseinandersetzung mit der Frage, warum mit dem hierfür zentralen Schengener Abkommen von 1985 eine zunehmend sicherheitspolitisch geprägte Diskussion über Migration in Europa einsetzte
- Eine Analyse der Folgen der Entwicklung gemeinsamer europäischer Vorstellungen über die Kontrolle der Außengrenzen
- Eine Untersuchung des Standes der EU-Asylpolitik als Ergebnis der Etablierung einer gemeinsamen europäischen Außengrenze

Inhaltsverzeichnis

Einleitung

Der Begriff „Schengen" steht heute für den Verzicht auf regelmäßige stationäre Kontrollen an den Grenzen zwischen den 26 Mitgliedstaaten des Schengen-Raums. „Schengen" bildet damit ein wesentliches Element der von der Europäischen Union (EU) als ein zentrales Ziel ihrer Politik formulierten Freizügigkeit, also der uneingeschränkten Bewegung aller Bürgerinnen und Bürger zwischen den Mitgliedstaaten der EU und der dort gewährten Freiheit der Niederlassung. „Schengen" steht außerdem für die grenzpolizeiliche Zusammenarbeit der Staaten innerhalb Europas und an den Außengrenzen der EU. Die viel zitierte „Festung Europa" wird im medialen und aktivistischen Bereich deshalb häufig als das Spiegelbild des „Europas ohne Grenzen" verstanden.[1]

Der Prozess zum einen der Gewährung gleicher Rechte auf räumliche Bewegung und Niederlassung für alle Bürgerinnen und Bürger sowie zum anderen der Begrenzung der staatlichen Kompetenzen zur Kontrolle der Migration zwischen den Mitgliedsländern von Europäischer Wirtschaftsgemeinschaft (EWG), Europäischer Gemeinschaft (EG) und EU begann in den 1950er Jahren und damit weit vor der Unterzeichnung des Schengener Abkommens 1985. Er entwickelte sich weder einheitlich noch kontinuierlich oder widerspruchsfrei und entspricht damit dem erratischen Verlauf der europäischen Integration: Trotz vieler Auseinandersetzungen um deren Ziel, Funktion, Form, Reichweite und Geschwindigkeit beteiligten sich immer mehr Staaten an dem Aufbau über- und zwischenstaatlicher Einrichtungen, übertrugen einzelstaatliche Befugnisse auf europäische Behörden und vereinbarten gemeinsame Regelungen.

Ausmachen lassen sich sehr unterschiedliche Vorstellungen zum Thema Migration in den Gesellschaften der Schengen- bzw. EU-Mitgliedstaaten. Sie bildeten

---

[1]Mein Dank gilt Simon Hellbaum, Annika Heyen und Katharina Kleynmans für ihre vielfältige Unterstützung bei der vorbereitenden Recherche für diesen Beitrag.

sich auch vor dem Hintergrund einer überaus heterogenen europäischen Migrationsgeschichte heraus: In einigen EU-Ländern, die, wie etwa Frankreich, Großbritannien, die Niederlande oder Portugal, über Jahrhunderte Kolonialmächte waren, führte der Prozess der Dekolonisation von den 1940er bis zu den 1970er Jahren zu spezifischen interkontinentalen Migrationsmustern. Im Falle anderer EU-Mitglieder prägte demgegenüber räumliche Nähe das Wanderungsgeschehen (so wie bei der großen Bedeutung der albanischen Migration nach Griechenland) oder die vormalige gemeinsame Zugehörigkeit zu einem zerfallenen Staat, wie das Beispiel Tschechiens und der Slowakei zeigt.

In weiteren Schengen-Staaten erwies sich die intensive Beteiligung an dem weitreichenden System der Rekrutierung von Arbeitskräften im Rahmen von Anwerbeabkommen von den späten 1940er bis zu den frühen 1970er Jahren als bedeutend. Es brachte auch nach seinem Ende umfangreiche Folgewanderungen mit sich, wie sich beispielsweise für die Schweiz, Österreich oder Luxemburg ausmachen lässt. Frankreich, Belgien oder die Bundesrepublik Deutschland wiederum waren schon in den 1950er und 1960er Jahren Einwanderungsländer. Griechenland, Spanien oder Portugal blieben bis in die 1980er Jahre wichtige Herkunftsländer binneneuropäischer Bewegungen. Bulgarien, Polen oder Rumänien lagen nach dem Zweiten Weltkrieg im Einflussbereich der UdSSR und wurden über viele Jahrzehnte kaum mit den Themen Migration oder Asyl konfrontiert. Erst nach der Öffnung des „Eisernen Vorhangs" 1989/1990 setzte von dort eine stärkere Migration in den Westen des Kontinents ein.

Auf diese ausgeprägte Heterogenität und die damit in vielerlei Hinsicht in Verbindung stehende unterschiedlich intensive migratorische Verflechtung der europäischen Gesellschaften untereinander (Arango 2012) weisen auch die Angaben der europäischen Statistikbehörde Eurostat zu den Wanderungsbilanzen der EU-Mitgliedsländer hin, die in der Visualisierung ein bemerkenswert symmetrisches Gebilde ergeben (s. Abb. 1.1): Im Jahre 2014, das hier ausgewählt wurde, um die Situation vor der erheblichen Asylzuwanderung der Jahre 2015 und 2016 abzubilden, verzeichneten 15 der 28 EU-Staaten mehr Zu- als Abwanderungen, hatten also positive Wanderungssalden.

Dabei ergaben sich, wie Abb. 1.2 dokumentiert, große Unterschiede: Während in einigen EU-Ländern der Anteil ausländischer Staatsangehöriger in der Bevölkerung bei unter einem Prozent lag (Kroatien, Litauen, Polen, Rumänien), erreichte er in Luxemburg 45 %. In der EU insgesamt betrug im Jahr 2018 die Zahl der EU-Staatsangehörigen, die in einem anderen Mitgliedsland lebten, 17,6 Mio. (3,5 % der EU-Gesamtbevölkerung). Hinzu traten 22,3 Mio. Angehörige von Drittstaaten. Das waren 4,4 % aller Menschen in der EU. Allein fünf

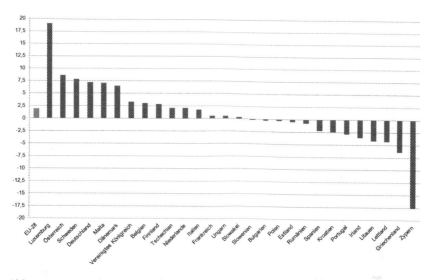

Abb. 1.1 Nettomigrationsraten in den EU-Mitgliedstaaten 2014. Erläuterung: Die Nettomigrationsrate bezeichnet den Wanderungssaldo (Zuzüge minus Fortzüge) pro Jahr bezogen auf 1000 Einwohner. (Datenquelle: Eurostat)

Staaten registrierten 76 % dieser insgesamt 39,9 Mio. „non-nationals": Deutschland 9,7 Mio., Großbritannien 6,3 Mio., Italien 5,1 Mio., Frankreich 4,7 Mio. und Spanien 4,6 Mio.[2]

Mit dem Ausscheiden Großbritanniens aus der EU veränderte sich die Konstellation etwas: Rechnet man die britischen Daten aus den Angaben für 2019 heraus, zeigt sich, dass trotz weiterer Zuwanderungen in die EU 2019 die Zahl der „non-nationals" in der EU auf 35,1 Mio. deutlich absank (21,8 Mio. Angehörige von Drittstaaten, 13,3 Mio. EU-Staatsangehörige, die in einem anderen Mitgliedsland lebten). Die Gesamtbevölkerung der EU betrug nunmehr nur noch 447 Mio. Der Anteil der Drittstaatsangehörigen stieg auf 4,9 %, jener der Unionsbürgerinnen und -bürger in einem anderen EU-Land sank auf 3,0 %, weil das Vereinigte Königreich ein wichtigeres Zielland der Migration von EU-Staatsangehörigen als von Drittstaatsangehörigen gewesen war. Die vier wichtigsten Zielländer in der EU umfassten unter Nicht-Berücksichtigung Großbritanniens nunmehr 71 %

---

[2]Eurostat, Migration and Migrant Population Statistics, 2018, https://ec.europa.eu/eurostat/statistics-explained/index.php/Migration_and_migrant_population_statistics (04.06.2020).

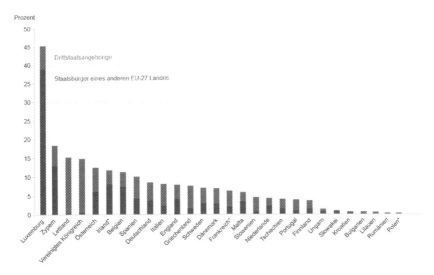

Abb. 1.2 Anteil ausländischer Staatsangehöriger an der Bevölkerung der EU-Mitgliedstaaten 2014. Erläuterung: * = vorläufige Daten. (Datenquelle: Eurostat)

der gesamten Migration: Deutschland 10,1 Mio., Italien 5,3, Frankreich 4,9 und Spanien 4,8.[3]

Dieser Beitrag zielt darauf, die Entstehung und Implementierung des Schengener Abkommens einzuordnen in eine längere Linie des migrationspolitischen Wandels in Europa seit dem 19. Jahrhundert. Er nimmt damit eine andere Perspektive ein als zahlreiche Untersuchungen zu den Migrationsverhältnissen in der EU, die ihre Analyse meist (frühestens) mit der Umsetzung des Schengener Vertragswerkes beginnen lassen[4] und/oder ausschließlich auf dessen grenzpolitische Bedeutung verweisen, es aber nicht in den deutlich breiteren Kontext migrationspolitischer Regelungen einordnen[5] – obgleich Kontrollen an den Grenzen nur

---

[3]Eurostat, Migration and Migrant Population Statistics 2019, https://ec.europa.eu/eurostat/statistics-explained/index.php/Migration_and_migrant_population_statistics#Migrant_population:_21.8_million_non-EU-27_citizens_living_in_the_EU-27_on_1_January_2019 (29.10.2020).

[4]Siehe etwa unter zahlreichen politik- bzw. europawissenschaftlichen Publikationen zum Thema Boswell und Geddes (2011), die einen hervorragenden Überblick für die Konstellation der 1990er und frühen 2000er Jahre bieten.

[5]Aus den Geschichtswissenschaften sei hier auf die zweifelsohne sehr verdienstvollen Arbeiten von Pudlat (2013) und Siebold (2013) verwiesen.

eines unter mehreren Instrumenten bildeten, Migrationsbewegungen zu beeinflussen sowie eine spezifische Ordnung der Migrationsverhältnisse herzustellen und aufrechtzuerhalten (Oltmer 2018).

Untersucht werden die Hintergründe, Bedingungen und Formen der Neugestaltung des europäischen Migrations- und Grenzregimes über die Jahrzehnte. Die Überlegungen gelten außerdem den Folgen dieses langwierigen und durch zahllose Konflikte geprägten Prozesses, der darin mündete, Grenzen europäischer Nationalstaaten zu unterteilen nach einerseits EU-Binnengrenzen und andererseits EU-Außengrenzen. Damit verband sich eine Unterscheidung von erwünschten Bewegungen innerhalb Europas, für die im politischen Raum der positiv konnotierte Begriff „Mobilität" verwendet wird, sowie der nicht erwünschten Bewegung von außerhalb Europas, für die der negativ konnotierte Begriff der „Migration" in Gebrauch ist. Auf welche Weise, mit welchem Ziel und auf der Basis welcher regulatorischen Infrastruktur (z. B. Rechtsnormen, Verträge, Behörden, Statistiken) (Xiang und Johan Lindquist 2014; Lin et al. 2017) geschah dies und geschieht dies weiterhin? Zu berücksichtigen sind bei der Beantwortung dieser Frage auch die Folgen der geschilderten weitreichenden Unterschiede in den Migrationsverhältnissen der EWG/EG/EU-Mitgliedstaaten für die grenz- und migrationspolitischen Vorstellungen und Regelungen in Europa.

Im Folgenden kann wegen der langen Dauer des zu schildernden Prozesses und seiner Komplexität nur ein grober Überblick über die Wege zur Herausbildung und Etablierung eines Schengen-Regimes geboten werden, der wesentliche Bezüge zu anderen Politikbereichen unberücksichtigt lassen muss. Kap. 2 gilt den Diskussionen um eine Beschränkung von Kompetenzen und Kapazitäten der Kontrolle von Migration in Europa seit dem 19. Jahrhundert mit einem Schwerpunkt auf die Zeit seit den 1950er Jahren. Kap. 3 verweist auf die Motive, die zum Abschluss des Schengener Abkommens führten, und blickt auf die Auseinandersetzungen um dessen Umsetzung, die Ende der 1980er und Anfang der 1990er Jahre zunehmend durch eine Versicherheitlichung der Debatte um Migration geprägt wurden, deren Hintergründe es zu klären gilt. Kap. 4 diskutiert die Folgen der Öffnung des „Eisernen Vorhangs" 1989/1990, die im ersten Jahrzehnt des 21. Jahrhunderts in die Osterweiterung der EU mündete, für die Entwicklung des Schengen-Raums. Kap. 5 fragt nach den Folgen der Kontrollfreiheit an den Binnengrenzen im Schengen-Raum für die asylpolitische (Nicht-)Zusammenarbeit der Mitgliedstaaten. Kap. 6 schließlich zieht ein Fazit und verweist ausblickend auf einige Effekte der durch eine sicherheitspolitische Fokussierung auf grenzüberschreitende Migration veränderten Sicht auf räumliche Bewegungen von Menschen.

In den vergangenen Jahren sind Herausforderungen europäischer Migrationspolitik und europäischer Migrationsverhältnisse politisch, medial und öffentlich
äußerst intensiv diskutiert worden. Zahlreiche wissenschaftliche Publikationen
begleiteten die je aktuellen Debatten und politischen Prozesse und ordneten sie
ein. Bemerkenswert ist, dass in diesem Zusammenhang eine geschichtswissen-
schaftliche Auseinandersetzung kaum präsent ist und eine der Kernkompetenzen
der Geschichtswissenschaften, lange Linien des Wandels von Gesellschaften her-
auszuarbeiten, für das hier gewählte Thema bislang sehr selten zum Tragen kam.
So lässt sich denn auch ausmachen, dass in geläufigen Gesamtdarstellungen
zur Herausbildung und Dynamik europäischer Integration migrationspolitische
Aspekte einen geringen Stellenwert haben: Themenkomplexe wie „Freizügigkeit",
„Schengen" oder „Asyl" werden in der Regel nur knapp angerissen.[6] Auch eine
intensivere Auseinandersetzung mit dem Wandel der europäischen Migrationsverhältnisse bleibt zumeist aus.[7] Eine Geschichte und Gegenwart verbindende
Perspektive auf die Veränderung migrations- und grenzpolitischer Vorstellungen
im Rahmen einer zunehmend mehr Staaten einbeziehenden europäischen Integration sowie ihre Konsequenzen für die Migrationsverhältnisse erscheint mithin als
eine Lücke, zu deren Schließung die hier vorliegenden Bemerkungen beitragen
möchten.

---

[6] Wenige einzelne Bemerkungen zu „Schengen" und anderen migrationspolitischen Aspekten
ohne größere Bezüge auf die migratorische Verflechtung in Europa finden sich beispielsweise
bei: Mittag (2008, S. 241), Elvert (2013, S. 117), Loth (2014, S. 274, 334 f.), Berend (2016,
S. 169 f.), Middelaar (2017, S. 412–414), Brunn (2017, S. 287–291), Gehler (2018, S. 395–
397) und Usherwood und Pinder (2018, S. 89–94).

[7] Einige knappe Bemerkungen zum Nexus Migration und Arbeitsmarkt und zur Verflechtung
der europäischen Gesellschaften durch Migration ohne größere Bezüge auf migrationspolitische Aspekte finden sich etwa bei: Clemens et al. (2008, S. 272), Thiemeyer (2010, S. 55 f.,
152–154), Wirsching (2012, S. 284–292) und Patel (2018, S. 113 f., 150, 165).

Europa ohne Binnengrenzen: eine lange Initialphase

2

Die Debatten um ein „Europa ohne Grenzen" nach dem Zweiten Weltkrieg müssen vor dem Hintergrund einer langen Linie der Herausbildung von Annahmen über die Vorzüge und Nachteile eines Verzichts auf die Kontrolle von Migrationsbewegungen gesehen werden. Einen zentralen Anknüpfungspunkt bietet die Vorstellung des Liberalismus des 19. Jahrhunderts, eine freie Bewegung von Arbeitskräften und der Verzicht auf Pässe, Visa und Grenzkontrollen sei erforderlich, um den Marktkräften Geltung zu verschaffen und einen Wohlstandsgewinn für alle zu ermöglichen. Die Vereinigten Staaten von Amerika verzichteten bereits seit 1802 darauf, Pässe bei einer Einreise zu verlangen und Kontrollen durchzuführen. Großbritannien folgte 1836, vornehmlich in den 1850er und 1860er Jahren kamen zahlreiche weitere Staaten West-, Mittel- und Nordeuropas hinzu (Fahrmeir 2001). Das breit rezipierte Rotteck-Welckersche Staatslexikon kommentierte in seiner dritten Auflage 1864 den Wandel in einem Artikel zum Passwesen mit der Bemerkung: „Neuerlich haben denn auch die Regierungen des Continents eingesehen, daß die Paßgesetze mit der bürgerlichen und wirthschaftlichen Freiheit nicht ferner vereinbar sind" (Paßwesen 1864). Interne und grenzüberschreitende Migration galt in dieser Phase hoher wirtschaftlicher Prosperität als Ausweis von Modernität. Alex Dowty (1987, S. 54) beschreibt den Zustand als „the closest approximation to an open world in modern times."

Übersehen werden darf allerdings nicht, dass nach einigen Jahrzehnten eines abnehmenden Kontrollbedürfnisses und eines Rückgangs der Kontrollintensität seit den 1880/1890er Jahren das Kontrollinteresse sowie die Leistungsfähigkeit der Kontrollinfrastrukturen im euro-atlantischen Raum erneut anwuchsen. Der Aufstieg nationalistischer und rassistischer Vorstellungen trug dazu ebenso bei wie der wachsende politische Einfluss der Arbeiterbewegungen und ihrer Auffassungen über den „Schutz des nationalen Arbeitsmarkts" vor der Einwanderung von Arbeitskräften, die Löhne unterbieten und Streiks brechen könnten.

Zunehmend wurden einheimische und zugewanderte Minderheiten in toto als Bedrohung von innerer Sicherheit, Homogenität der Bevölkerung, ökonomischer Stabilität und Kultur der Nation verstanden. Restriktive Minderheitenpolitik und Zuwanderungsschranken gegenüber ausländischen Staatsangehörigen sowie die Aufrichtung formeller bzw. informeller Barrieren der gesellschaftlichen Teilhabe sollten die Gefahren minimieren, die angeblich von Minderheiten ausgingen (Collomp 2003).

Schließlich wurde während des Ersten Weltkriegs im europäisch-nordatlantischen Raum für den zwischenstaatlichen Personenverkehr der Pass- und Visumzwang eingeführt sowie der Grenzübertritt massiv erschwert. Diese Neuerung bildete ein Ergebnis des erheblich an Bedeutung gewinnenden Sicherheits- und Kontrollbedürfnisses der Staaten in der Kriegssituation (Torpey 2000, S. 111–117; Lucassen 1998). Die Pflicht, ein Visum vor einer Einreise zu beantragen und damit eine Kontrolle der Migration zu ermöglichen, bevor sie in Gang gesetzt wurde, entwickelte sich nach dem Ersten Weltkrieg zu einem zentralen Instrument der Steuerung von Migrationsbewegungen (Oltmer 2020). Wenngleich das Bedürfnis nach einer Überwachung und Beeinflussung räumlicher Bewegungen hoch war und hoch blieb, schien zahlreichen Regierungen im Europa der Zwischenkriegszeit doch eine sorgsame Beschränkung der Kontrollen geboten: Vielfach wurde argumentiert, Visa-Regelungen würden nicht nur den Reiseverkehr beeinträchtigen, sondern auch die Waren- und Kapitalzirkulation behindern (Oltmer 2005, S. 427–433).

Der Verzicht auf ein Visum in den Beziehungen zwischen einzelnen (aber keineswegs zwischen allen) Staaten galt als Mittel zur Wirtschaftsförderung und als Symbol gegenseitigen Vertrauens, das in einer Privilegierung des Personenverkehrs im Rahmen zahlreicher bilateraler Visa-Abkommen ihren Ausdruck fand. Allerdings verdeutlichten bereits in den 1920er und 1930er Jahren alle Verhandlungen über Visa-Abkommen in Europa, dass sie sich nicht nur auf Regelungen für Geschäftsleute und touristische Reisen beschränken konnten. Sie mussten zwangsläufig die Frage berühren, ob und inwieweit Visafreiheit auch für jene galt, die als Arbeitsmigrantinnen und -migranten im Ankunftsland eine Beschäftigung aufnehmen oder einen Schutzstatus als politisch Verfolgte geltend machen wollten (Mau et al. 2015).

Regelungen zur Beschränkung des Pass- und Visumzwangs sowie zur Erleichterung von Grenzabfertigungen erfolgten im Westen Europas auch nach dem Zweiten Weltkrieg zunächst mithilfe bilateraler Abkommen. Erneut schlossen in den 1950er Jahren zahlreiche Staaten solche Verträge. Belgien, die Niederlande und Luxemburg allerdings verließen den Weg der bloß bilateralen Verständigung und vereinbarten 1960 eine Passunion. Diese, aber auch die bilateralen Abkommen über Visafreiheit und eine erleichterte Grenzabfertigung von Menschen und Waren, bildeten eine Voraussetzung für eine multilaterale Abstimmung über den Verzicht auf Grenzkontrollen an den Binnengrenzen, wie sie im Rahmen der EWG diskutiert und schließlich im Schengen-Raum etabliert wurde.

Dem Abschluss multilateraler Abkommen und der Gründung supranationaler Organisationen, die die Migrations- und Grenzpolitik europäischer Staaten seit den 1950er Jahren beeinflussten, ging aber auch eine informelle Standardisierung von Regelungen in Europa voran und begleitete sie bis in die frühen 1970er Jahre: Mit einem Vertrag zwischen Frankreich und Polen im Jahr 1919 setzte der Aufbau eines weit ausgreifenden Geflechts von bilateralen Abkommen zur Anwerbung von (als temporär beschäftigt vorgestellten) Arbeitskräften zwischen agrarisch geprägten Volkswirtschaften im Süden und Osten Europas und den Industriegesellschaften West-, Mittel- und Nordeuropas ein. Bis Anfang der 1970er Jahre wurden rund 120 Anwerbeabkommen geschlossen. Ein Großteil Europas, nach 1945 aber auch Staaten in Asien (Türkei), Nordafrika (Algerien, Marokko, Tunesien) und Westafrika (Elfenbeinküste, Senegal, Togo), waren einbezogen. Zwar bildete der Osten Europas aufgrund der Teilung des Kontinents durch einen „Eisernen Vorhang" nach dem Zweiten Weltkrieg kein Element des Geflechts von Anwerbeabkommen mehr (sieht man von Jugoslawien ab). Zeitgleich aber wuchs die Intensität der zwischenstaatlichen Kooperation vor allem seit Ende der 1950er Jahre im Westen Europas massiv an. Die Hochkonjunktur der Nachkriegsjahrzehnte ließ die Nachfrage nach Arbeitskräften in den Industrieländern ansteigen, die vor allem durch die Zuwanderung aus dem Süden Europas und der Türkei gedeckt werden sollte: 1946 bis 1959 wurden 15 neue bilaterale Wanderungsabkommen geschlossen. 1960 bis 1974 folgten mit 45 weitaus mehr (Rass 2010). Diese Abkommen initiierten, ermöglichten und kanalisierten die Migration zahlreicher Menschen. Allein in die Bundesrepublik Deutschland sollen vom Ende der 1950er Jahre bis 1973 als direkte oder indirekte Folge der Anwerbeaktivitäten 14 Mio. Arbeitskräfte gekommen sein, von denen etwa elf Millionen, also rund 80 %, in diesem Zeitraum wieder in ihre Herkunftsländer zurückkehrten (Münz et al. 1997, S. 35–42).

Zwar handelte es sich durchgängig um Verträge zwischen einzelnen Staaten, dennoch kann von einer „Harmonisierung" migrationspolitischer Regelungen in Europa gesprochen werden: Die Vertragstexte waren in der Regel identisch, ihre Kernformulierungen hatte die Internationale Arbeitsorganisation (ILO) als Organ des Völkerbundes bereits in der Zwischenkriegszeit entwickelt. Wegen der ausgeprägten Konkurrenz um Arbeitskräfte aus dem Süden Europas sahen sich die Industriestaaten nach dem Zweiten Weltkrieg als Zielländer der Arbeitsmigration gezwungen, gleichartige Mindeststandards für Beschäftigung, Entlohnung und Unterbringung der Arbeitskräfte zu gewährleisten. Für den in den 1950er Jahren beginnenden Prozess der Herausbildung supranationaler Organisationen in Europa erwiesen sich das Geflecht von Anwerbeverträgen und die Praxis der Anwerbung insofern als unmittelbar von Bedeutung, als unter den Gründungsstaaten der EWG mit Belgien, der Bundesrepublik Deutschland, Frankreich, Luxemburg und den Niederlanden nicht nur die wichtigsten Anwerbeländer vertreten waren, sondern mit Italien auch das bis in die 1960er Jahre wichtigste Herkunftsland von Arbeitsmigrantinnen und Arbeitsmigranten, die sich im System der bilateralen Anwerbeabkommen in Europa bewegten (Oltmer 2014; Oltmer et al. 2012).

Bereits bei den Verhandlungen über eine „Europäische Gemeinschaft für Kohle und Stahl" (EGKS), die 1951 Belgien, die Bundesrepublik Deutschland, Frankreich, Italien, Luxemburg und die Niederlande zur gemeinsamen Förderung und Kontrolle der Kohle- und Stahlerzeugung sowie der zollfreien Vermarktung der Produkte untereinander gründeten, sah eine Freizügigkeit für Arbeitskräfte in der Montanindustrie vor. Sie blieb allerdings dadurch beschränkt, dass die Nationalstaaten deren Bewegung nach ihren jeweiligen Arbeitsmarktinteressen steuern konnten. Eine weitergehende Freizügigkeitsregelung beschlossen die sechs Vertragsstaaten der EGKS erst im Rahmen der „Römischen Verträge" von 1957, mit denen die EWG gegründet wurde.

Die EWG-Vertragspartner begründeten die Gewährung der Freizügigkeit, das Argument des klassischen Liberalismus des 19. Jahrhunderts aufgreifend, mit ihrer Bedeutung für das Wirtschaftswachstum und die Angleichung des Wohlstandsniveaus der Mitgliedstaaten. Ziel der europäischen Integration sei die möglichst ungehinderte Zirkulation von Waren, Dienstleistungen, Kapital und Arbeitskräften. Die Initiative für die Freizügigkeitsregelung ging erneut, wie schon im Falle der EGKS, von Italien aus. Für das südeuropäische Abwanderungsland bildete die Freizügigkeit eines der Kernelemente seiner Europapolitik.

Während bei den EGKS-Verhandlungen die italienische Auffassung noch auf erheblichen Widerstand der Vertragspartner gestoßen war, vermochte Italien 1957 seine Position weitgehend durchzusetzen. Im Hintergrund stand der stark gestiegene Arbeitskräftebedarf in den fünf Partnerländern seit Anfang der 1950er Jahre. Selbst in der Bundesrepublik Deutschland, die 1951 noch eine hohe Erwerbslosigkeit registrierte, herrschte seit 1956 Vollbeschäftigung, weshalb auf den ersten bundesdeutschen Anwerbevertrag mit Italien 1955 seit 1960 weitere mit Spanien, Griechenland, der Türkei, Marokko, Portugal, Tunesien und schließlich mit Jugoslawien folgten. Dennoch übernahmen die anderen EWG-Mitgliedstaaten die italienische Position nicht in vollem Umfang: Um in der Lage zu sein, jederzeit die eigenen Arbeitsmärkte zu schützen, wurde den EWG-Staaten die Möglichkeit eingeräumt, „aus Gründen der öffentlichen Ordnung, Sicherheit und Gesundheit" die Freizügigkeit zu begrenzen.[1] Unterschiedliche nationale Interessen in der Freizügigkeitsfrage verschränkten sich folglich in den Römischen Verträgen. Italien blieb in den Folgejahren ein wesentlicher Antreiber für die Implementierung der Freizügigkeitsregelung, die zunächst auch weiterhin vor allem von italienischen Migrantinnen und Migranten genutzt wurde (Romero 2015, S. 33).

Artikel 48 des EWG-Vertrags von 1957 legte fest, dass die Freizügigkeit für Arbeitskräfte innerhalb der Gemeinschaft bis 1969 durchzusetzen sei. Danach habe jede „unterschiedliche Behandlung der Arbeitnehmer der Mitgliedstaaten in Bezug auf Beschäftigung, Entlohnung und sonstige Arbeitsbedingungen" zu unterbleiben.[2] Auch durch die Zusammenarbeit der nationalen Arbeitsverwaltungen sollten Hemmnisse der Bewegung zwischen den Mitgliedstaaten abgebaut und ein europäischer Arbeitsmarkt durch den Ausgleich von Angebot und Nachfrage nach Arbeitskräften bzw. nach Arbeit hergestellt werden. Die drei Freizügigkeitsverordnungen von 1961, 1964 und 1968 setzten dieses Vorhaben der Römischen Verträge um, erleichterten eine „europäische Binnenwanderung" von Arbeitskräften (und von ihren Familienangehörigen) und erschwerten eine nationale Kontrolle der jeweiligen Arbeitsmärkte. Die Verordnung von 1961 gab die Arbeitsaufnahme in einem anderen Mitgliedsstaat grundsätzlich frei und hob die Visumpflicht auf, ein Personalausweis oder ein Reisepass legitimierten das Überschreiten der Grenze. 1964 folgte die Aufhebung des Vorrechts für einheimische Arbeitskräfte bei der Vermittlung von Arbeitsplätzen. Seit 1968 schließlich benötigten Arbeitsmigrantinnen und Arbeitsmigranten innerhalb der EWG keine nationale Arbeitserlaubnis mehr (Goedings 2005).

Die Regelungen von 1961 und 1964 sahen zwar noch zahlreiche Beschränkungen der Freizügigkeit durch nationale Eingriffsmöglichkeiten vor. Sie wurden aber aufgrund des hohen Arbeitskräftebedarfs der Ökonomien in Belgien, der Bundesrepublik Deutschland, Frankreich, Luxemburg und den Niederlanden in der Regel nicht genutzt. Das heißt: Faktisch herrschte für Arbeitskräfte aus Staaten der EWG bereits seit 1961 eine weitgehend uneingeschränkte Möglichkeit, Arbeit in den anderen Mitgliedstaaten zu suchen und zu finden, in das Herkunftsland zurückzukehren oder den Arbeitsplatz innerhalb des EWG-Raums zu wechseln, um möglichst gute Arbeits- und Lohnbedingungen zu erreichen (Sparschuh 2019, S. 97–106).

---

[1] Artikel 56 des EWG-Vertrags, https://ec.europa.eu/romania/sites/romania/files/tratatul_de_la_roma.pdf (04.09.2020).

[2] https://ec.europa.eu/romania/sites/romania/files/tratatul_de_la_roma.pdf (04.09.2020).

In den Gründungsdokumenten der EWG bezogen sich die Freizügigkeitsregelungen ausschließlich auf ökonomisch aktive Frauen und Männer und ihre Familienangehörigen. In den 1970er Jahren sorgte vor allem die Rechtsprechung des 1952 gegründeten Europäischen Gerichtshofs dafür, dass sie auch auf andere Menschen in Bewegung, darunter Studierende, Nicht-erwerbstätige oder Personen im Rentenalter ausgeweitet wurden (Rogers et al. 2012, S. 30–46). Die Urteile sind später in Verordnungen der EWG/EG überführt worden. Davon ausgehend etablierte sich die Freizügigkeit zu einem Kernziel der EU, das schließlich 1992 bei der Gründung der EU im „Vertrag über die Arbeitsweise der Europäischen Union" auch in den Rechtekanon der „Unionsbürger" eingeführt wurde. Alle Unionsbürgerinnen und Unionsbürger verfügen laut Artikel 20 über „das Recht, sich im Hoheitsgebiet der Mitgliedstaaten frei zu bewegen und aufzuhalten".[3]

---

[3] https://eur-lex.europa.eu/legal-content/EN/TXT/PDF/?uri=CELEX:12012E/TXT&from=DE (04.09.2020).

Der Abschluss des Schengener Abkommens und dessen Umsetzung

3

Anfang der 1970er Jahre bestand also zwischen den EWG-Staaten eine weitgehende Freizügigkeit für Arbeitskräfte und deren Familienangehörige, einen Visumzwang gab es nicht mehr, Grenzkontrollen allerdings schon. Mit den zahlreichen Anwerbeabkommen hatte sich die grenzüberschreitende Arbeitsmigration zwischen den Mittelmeeranrainerstaaten und den Industrieländern in West-, Mittel- und Nordeuropa erheblich verstärkt. Ihre Folgen firmieren weiterhin häufig unter dem in vielerlei Hinsicht unzutreffenden Begriff der „Gastarbeiter"-Migration. Die EWG-Staaten, sieht man von Italien ab, bildeten die wichtigsten Ziele der Arbeitsmigration im Rahmen der Anwerbeabkommen. Zwischen 1970 und 1974 kam allerdings mit den Anwerbestopp-Maßnahmen das Ende des Instruments der Anwerbeabkommen, das für mehr als fünfzig Jahre eine ausgesprochen hohe Bedeutung für die Migrationssituation in Europa gehabt hatte (hierzu und zum Folgenden: Berlinghoff 2013).

Das Ende der Anwerbung und die scharfe Begrenzung der Zuwanderung Anfang der 1970er Jahre bildeten das Ergebnis der seit den späten 1960er Jahren laufenden Debatten um die Kosten der Niederlassung von Arbeitskräften aus dem Ausland. Sie waren lange als nur temporär anwesend betrachtet worden, aber die Dauer ihres Aufenthalts wuchs, ebenso der Umfang des Familiennachzugs, auch die Zahl der Schülerinnen und Schüler aus dem Ausland stieg erheblich an. In den späten 1960er Jahren wurden die Folgen dieser Tendenz zur Niederlassung für Schulen, Kindergärten, das Sozialversicherungssystem, das Angebot auf dem freien Wohnungsmarkt und die Wahrung der Identität einer als homogen vorgestellten Nation als derart weitreichend eingeschätzt, dass eine weitere Anwerbung nicht mehr akzeptabel schien.

Den Anfang einer erheblichen Beschränkung der Zuwanderung machte die Schweiz 1970: Neuzuwanderungen wurden nur noch in dem Umfang zugelassen, in dem andere Ausländerinnen und Ausländer aus der Schweiz abgewandert

© Der/die Autor(en) 2021
J. Oltmer, *Die Grenzen der EU*, essentials,
https://doi.org/10.1007/978-3-658-33213-6_3

waren, oder wenn ihnen eine Genehmigung zur unbefristeten Niederlassung erteilt worden war. 1971 beschloss die britische Regierung, dass nur noch jene Commonwealth-Bürgerinnen und -Bürger ungehindert nach Großbritannien einreisen durften, die nachweisen konnten, dass ihre Eltern oder Großeltern in Großbritannien geboren worden waren. Diese Regelung trat mit dem Beitritt Großbritanniens zur EWG am 1. Januar 1973 in Kraft und war eine Vorbedingung für die Aufnahme, denn die anderen EWG-Mitgliedstaaten wollten die freie Arbeitsaufnahme nicht-europäischer „British Subjects" in ihren Ländern ausschließen (Layton-Henry 1992). 1972 folgten Beschränkungen weiterer Staaten, jetzt in der Form des Stopps der Anwerbung ausländischer Arbeitsmigrantinnen und Arbeitsmigranten: Schweden und Dänemark ließen nur noch Arbeitskräfte aus anderen skandinavischen Staaten zu. 1973 beendete nicht nur die Bundesrepublik Deutschland die Anwerbung ausländischer Arbeitskräfte, auch die Niederlande und Belgien blockierten die Arbeitsmigration von außerhalb der EWG. Den Abschluss bildete im Sommer 1974 der Anwerbestopp in Frankreich.

Die Maßnahmen beruhten zwar auf nationalen Entscheidungen und resultierten aus einer je spezifischen nationalen Debatte über die Folgen der Einwanderung. Dass die Anwerbestoppmaßnahmen in den Zielländern der Arbeitsmigration aber in relativ kurzer Frist aufeinanderfolgten, war auch einer zunehmenden Europäisierung der Diskussion geschuldet: Medien, Politik und Administration blickten sehr bewusst auf die Debatten über Migration und Niederlassung in anderen Ländern Europas. Darüber hinaus gab es im Prozess der europäischen Integration auf verschiedenen – zwischenstaatlichen und supranationalen – Ebenen immer häufiger genutzte Möglichkeiten des politischen und administrativen Austauschs über die jeweiligen Maßnahmen zur Bewältigung der als Gefahr wahrgenommenen Niederlassung von Arbeitskräften aus dem Ausland.

Der Stopp der Anwerbung bildete die Voraussetzung dafür, dass sich die Diskussion um eine Gemeinschaft ohne Binnengrenzen intensivierte. 1974 vereinbarten die Staats- und Regierungschefs der EWG-Länder auf dem Pariser Gipfel eine Passunion. Eine darüber erreichte Öffnung der Binnengrenzen leiste einen weitreichenden Beitrag zur Förderung einer europäischen Identität und forciere so die Integrationsbemühungen. Grenzkontrollen verursachten außerdem hohe Kosten für Staat und Wirtschaft, insbesondere international agierende Unternehmen seien im Nachteil. Eine Umsetzung des Vorhabens aber gelang nicht: Sorge um die nationale Sicherheit und Ängste vor einem Verlust migrationspolitischer Kontrolle der Mitgliedstaaten verhinderten sie. Als problematisch galt auch, dass mit einem Wegfall der Identitätskontrolle bei der Überquerung von Staatsgrenzen nicht nur Bürgerinnen und Bürger der EWG-Länder, sondern auch dort lebende Angehörige von Drittstaaten die Möglichkeit erhalten hätten, sich innerhalb der

EWG ungehindert zu bewegen (Gehring 1998, S. 47 f.). Eine Passunion und eine Verringerung der Grenzkontrollen zwischen den Mitgliedstaaten erschien erst dann möglich, wenn ein Einheitspass für alle Bürgerinnen und Bürger der EWG-Staaten eingeführt worden sei. Außerdem müssten die ausländerrechtlichen Bestimmungen in den Mitgliedstaaten aufeinander abgestimmt werden (hierzu und zum Folgenden: Pudlat 2013; Siebold 2013).

Der Beschluss über die Einführung eines einheitlichen europäischen Passes erfolgte 1981, also mit siebenjähriger Verzögerung und just dann, als vor dem Hintergrund des Anstiegs der Zahl der Asylsuchenden in vielen EWG-Staaten die Öffnung der Binnengrenzen erneut als nicht opportun galt. Grundsätzlicher Widerstand kam zudem aus Großbritannien. Die britische Regierung wollte die europäische Integration auf das Feld der Ökonomie beschränkt sehen. Weil die Bevölkerung im Vereinigten Königreich in der Regel nicht über Personalausweise verfügte und keine Passpflicht bestand, gab es keine Personenkontrollen im Innern, sondern nur an den Außengrenzen. In einem grenzfreien Europa hätte Großbritannien entweder auf alle Personenkontrollen verzichten oder das Pass- und Kontrollsystem umbauen müssen. Dazu war die Regierung nicht bereit. Frankreich und die Bundesrepublik suchten deshalb einen Weg zur Aufhebung innereuropäischer Grenzkontrollen außerhalb des Rahmens der EWG.

Bundeskanzler Helmut Kohl und der französische Staatspräsident François Mitterrand vereinbarten 1984 im „Saarbrücker Abkommen" einen Abbau der Kontrollen an der gemeinsamen Grenze in drei Schritten. Zunächst sollten nur noch Sichtkontrollen an den Grenzen durchgeführt werden, Fahrzeuge aber nicht mehr anhalten müssen. Vereinbart wurden zudem zoll- und devisenrechtliche Angleichungen sowie vermehrte Aktivitäten zur Eindämmung grenzüberschreitender Kriminalität und zur Verhinderung unerlaubter Einreisen an den Außengrenzen. Im zweiten Schritt sollte die Verlagerung der Grenzkontrollen an die Außengrenzen und der völlige Abbau der Binnengrenzen vorbereitet werden. Zur Umsetzung des dritten Schrittes räumten die beiden Staaten sich eine Frist bis Ende 1986 ein: Bis dahin seien die Mehrwert- und Verbrauchssteuersätze sowie die Vorschriften im Ausländer-, Betäubungsmittel- und Waffenrecht anzugleichen.

Dieses Maßnahmenpaket erwies sich als attraktiv für weitere EWG-Staaten. Sie bekundeten sogleich Interesse an dem Abschluss eines ähnlichen bilateralen Abkommens oder schlugen, wie Belgien, Luxemburg und die Niederlande, vor, die im Saarbrücker Abkommen getroffenen Regelungen multilateral auf die gemeinsamen Grenzen auszuweiten. Das war der Anstoß für die Verhandlungen zum im Juli 1985 im luxemburgischen Ort Schengen abgeschlossenen „Übereinkommen" zwischen Belgien, der Bundesrepublik Deutschland, Frankreich, Luxemburg und den Niederlanden „betreffend den schrittweisen Abbau der Kontrollen an den gemeinsamen Grenzen". Von den Erleichterungen beim Grenzübertritt, die die Regelungen des „Schengener Übereinkommens", einem völkerrechtlichen Vertrag außerhalb des Rahmens der EWG, vorsahen, sollten nicht nur die Bürgerinnen und Bürger der Vertragsstaaten profitieren, sondern auch jene in Dänemark, Irland, Italien und dem Vereinigten Königreich, also aller seinerzeitigen EWG-Mitglieder.

Die Regierungen der fünf Schengen-Staaten formulierten das Ziel, den Abbau der Personenkontrollen bis zum Januar 1990 voranzubringen und in der Zwischenzeit Maßnahmen zum Schutz der inneren Sicherheit zur Kompensation des Wegfalls von Kontrollen an den Binnengrenzen zu verhandeln. Diese mündeten in das „Schengener Durchführungsübereinkommen" („Schengen II"), das im Dezember 1989 unterzeichnet werden sollte. Dazu aber kam es zunächst nicht: Der Fall der Berliner Mauer am 9. November 1989 und die Öffnung des „Eisernen Vorhangs" schienen neue Unsicherheiten für eine EWG ohne Binnengrenzkontrollen mit sich zu bringen, hatte doch angesichts des „Kalten Krieges" der Osten Europas in den bisherigen Überlegungen zur Entwicklung eines Schengen-Raums gar keine Rolle gespielt. Für die Bundesrepublik stellte sich außerdem die Frage nach einer Zugehörigkeit des Staatsgebiets der DDR zum Schengen-Raum: Die DDR galt für die Bundesrepublik formell nicht als Ausland, es bestand jedoch die Gefahr, dass die anderen Vertragsstaaten von dort stammende Reisende als Drittstaatsangehörige behandelten.

Mit der absehbaren Vereinigung der beiden deutschen Staaten, die dann im Herbst 1990 erfolgte, erledigte sich dieser Punkt: Bei der Unterzeichnung des Schengener Durchführungsübereinkommens im Juni 1990 wurde die deutsch-polnische Grenze als Schengener Außengrenze festgelegt. Der Vertrag trat formell am 1. September 1993 in Kraft, die Grenzkontrollen zwischen den fünf Unterzeichnerstaaten endeten allerdings erst Ende März 1995, also zehn Jahre nach dem Abschluss des Schengener Abkommens.

Als verantwortlich für diese langen Verzögerungen erwiesen sich mehrere Aspekte: In den Verhandlungen Anfang der 1990er Jahre kamen zunehmend stärker die von den nationalen Innenministerien formulierten Sicherheitsinteressen zum Tragen. Demgegenüber verloren jene Ministerien an Gewicht, die für Wirtschaft und für Fragen der europäischen Integration zuständig waren (Baumann 2009; Balch und Geddes 2011, S. 23). In Verbindung damit zu sehen sind die Folgen der vor allem in den späten 1980er Jahren einsetzenden intensiven politischen, öffentlichen und wissenschaftlichen Debatten um die „Globalisierung" (Bach 2020, S. 139 f.) sowie um die damit in Zusammenhang gebrachte Vorstellung vom Bedeutungsverlust des Nationalstaats und seiner Grenzen: Eine zunehmende

Verdichtung weiterer ökonomischer, politischer, sozialer und kultureller Beziehungen sei zu beobachten, die zu vermehrten, von den Nationalstaaten nicht mehr kontrollierbaren Rückkopplungen, Interdependenzen und Abhängigkeiten führe.

Ein Element dieser von einer Kompetenzerosion des Nationalstaates ausgehenden Diagnose, die sich zunehmend verbreitete, bildete die Vorstellung von einer (gewissermaßen unausweichlichen) Zunahme einer kontinentale Grenzen überschreitenden räumlichen Bewegung von Menschen als Begleiterscheinung von Globalisierungsprozessen. In den europäischen Nationalstaaten resultierte aus der Auseinandersetzung um die so vorgestellte Globalisierung ein Bedeutungsgewinn sicherheitspolitischer Argumente: Die als negativ wahrgenommenen Folgen der Globalisierung könnten nur durch eine vermehrte Überwachung und Kontrolle der Grenzen beeinflusst werden. Eile sei angesichts der hohen Geschwindigkeit des Prozesses der Globalisierung dringend geboten, eine intensivierte Zusammenarbeit mit anderen Staaten und deren Sicherheitsbehörden unabdingbar.[1]

Diese Sichtweise gewann auch deshalb an Gewicht, weil sich im Europa der späten 1980er und frühen 1990er Jahre neben der Vorstellung von der „Globalisierung" auch die Beschreibungskategorie der „Migration" etablierte und beide Konzepte diskursiv eng miteinander verbunden wurden. Die Herausbildung eines Migrationsdiskurses unter Beteiligung zahlreicher Akteure aus dem politischen, administrativen, zivilgesellschaftlichen und wissenschaftlichen Bereich führte dazu, dass sich die Wahrnehmung räumlicher Bewegungen erheblich verschob: Neu strukturiert bzw. neu zusammengedacht wurden unter dem Begriff der Migration Themenkomplexe, die bis dahin recht unverbunden gesellschaftlichen Bereichen zuordnet gewesen waren, wie einerseits Flucht/Asyl und andererseits räumliche Bewegungen zur Sicherung von Arbeit und Erwerb, aber auch der demografische und ökonomische Wandel in Europa sowie Bevölkerungswachstum, Armut und wirtschaftliche Entwicklung im Globalen Süden.

Diese weitreichende Verschiebung des Diskurses brachte eine Neuordnung der auf grenzüberschreitende räumliche Bewegungen bezogenen Handlungsfelder und

---

[1] Bemerkenswert erscheint, dass eine solche reflexive Sicht auf die „Entdeckung" der Globalisierung bislang kaum anzutreffen ist. Debattiert wird seit vielen Jahren sehr intensiv über den Beginn der Globalisierung, deren Form und Reichweite, selten aber über die Frage, warum das Konzept in den 1980er und frühen 1990er Jahren so rasch rezipiert wurde und welche Folgen die Rezeption für die verschiedensten Zusammenhänge hatte, die mit dem Konzept in Verbindung gebracht wurden. Begrüßenswert sind in diesem Zusammenhang die aktuellen Bemühungen um eine Historisierung der Globalisierung, die auch eine Debatte um die Geschichte des Konzepts Globalisierung und eine kritische Reflexion der Anwendung des Konzepts anregen, hierzu s. vor allem: Wirsching (2020) und Eckel (2020).

deren Bearbeitung (in Verwaltung, im sozialen Sicherungssystem, in Hilfsorgani-
sationen, in zivilgesellschaftlichen Initiativen, in internationalen Agenturen usw.)
mit sich. Sie führte auch deshalb zu veränderten Sicht- und Handlungsweisen,
weil sie aufgrund der Verknüpfung mit dem Diskurs über „das Globale" und
„die Globalisierung" Vorstellungen über weltweite räumliche Bewegungen inte-
grierte, insbesondere den Blick auf den Globalen Süden ausrichtete und angesichts
des vorgestellten hohen Tempos von Veränderungen durch globale Vernetzun-
gen Gestaltungserfordernisse formulierte, die unter anderem in die Entwicklung
von Konzepten eines nur in inter- und supranationaler Abstimmung möglichen
„Migrationsmanagements" mündete.[2]

Die sicherheitspolitisch geprägte Debatte um die Folgen der so verstandenen
Globalisierung, die sich durch die Frage nach den Auswirkungen der Öffnung
des „Eisernen Vorhangs" verstärkte, kombinierte sehr eng die Themenfelder
Kriminalität und Migration (Huysmans 2000; Baumann 2009): Weitreichende
Maßnahmen zur Sicherung der Grenzen seien erforderlich, um gegen die als
ansteigend wahrgenommene grenzüberschreitende Kriminalität vorzugehen sowie
gegen den „Schmuggel" oder die „Schleusung" von Menschen und die „illega-
le", also strafwürdige Migration. Das lässt auch der Wortlaut des „Schengener
Grenzkodex" von 2006 deutlich werden, mit dem alle bisherigen Vereinbarun-
gen zu den Grenzkontrollen zusammengefasst worden waren: „Grenzkontrollen
sollten zur Bekämpfung der illegalen Zuwanderung und des Menschenhandels
sowie zur Vorbeugung jeglicher Bedrohung der inneren Sicherheit, der öffentlichen Ordnung, der öffentlichen Gesundheit und der internationalen Beziehungen
der Mitgliedsstaaten beitragen."[3] Zum einen erscheint hier die „Bekämpfung ille-
galer Zuwanderung" als wichtigster, weil erster Punkt des Aufgabenkanons der
Grenzkontrollen. Zum anderen wird sie argumentativ auf eine Stufe gestellt mit
der „Bedrohung der inneren Sicherheit, der öffentlichen Ordnung, der öffentlichen
Gesundheit und der internationalen Beziehungen der Mitgliedstaaten" der EU.

Das Schengener Abkommen entfaltete in den 1990er Jahre eine erhebliche
Sogwirkung auf andere europäische Staaten: Italien war bereits 1990 beigetre-
ten, Spanien und Portugal folgten 1991, Griechenland 1992. Sie setzten die
Regelungen parallel zu den fünf Erstunterzeichnern um. Österreich hatte bereits
Mitte der 1980er Jahre Interesse bekundet und schloss sich dem Schengen-Raum

---

[2]Sehr instruktiv, auf den Fall der Schweiz bezogen, mit Perspektiven, die auf andere
europäische Gesellschaften übertragbar sind: Espahangizi (2021).
[3]https://eur-lex.europa.eu/legal-content/EN/TXT/PDF/?uri=CELEX:32006R0562&fro
m=DE (04.09.2020), s. hierzu auch bereits den Wortlaut der entsprechenden Bestimmungen
des Vertrags von Maastricht 1992 im Titel VI, https://eur-lex.europa.eu/legal-content/DE/
TXT/?uri=CELEX:11992M/TXT (18.09.2020).

im Zuge des EU-Beitritts 1995 an. 1996 traten die fünf Staaten der seit 1957 bestehenden „Nordischen Passunion" (Dänemark, Finnland, Island, Norwegen, Schweden) dem Schengener Abkommen bei, obgleich Norwegen und Island nicht nach der EU-Mitgliedschaft strebten. Auch die Schweiz als Nicht-Mitglied der EU führte Verhandlungen über ein Assoziierungsabkommen, das 2004 geschlossen wurde. Mit dem Amsterdamer Vertrag von 1997 wurde „Schengen" Teil des EU-Regelungskanons. Großbritannien unterschrieb den Schengener Vertrag nicht. Weil das EU-Mitglied Irland keine Schengen-Grenze zum britischen Nordirland einführen wollte, verzichtete es ebenfalls darauf, Teil des Schengen-Raums zu werden.

Die Osterweiterung des Schengen-Raums

4

Bei der Süd- und Norderweiterung des Schengen-Raums stand die grenzüberschreitende Bewegungsfreiheit insbesondere für Urlaubsreisende im Fokus. Kamen Debatten um Gefahren der Grenzöffnung auf, kreisten sie meist um die Herausforderungen polizeilicher Zusammenarbeit aufgrund der Sorge vor einer Beschränkung der Möglichkeiten der Strafverfolgung in einem Raum ohne Grenzkontrollen. Die Diskussion um eine Verschiebung der Schengen-Grenze nach Osten beherrschte demgegenüber die Frage nach dem Umgang mit einer für unerwünscht erklärten Ost-West-Migration (Siebold 2013, S. 234–238). Nicht nur die Stabilität von Arbeitsmärkten, sozialen Sicherungssystemen und Löhnen im Norden, Westen und Süden Europas galt als gefährdet, vielmehr schienen auch vermehrt gesellschaftliche Konflikte zu drohen (Engbersen et al. 2010; Grabbe 2000).

Der unter Begriffe wie „Öffnung des Eisernen Vorhangs" und „Zusammenbruch des Ostblocks" gefasste Prozess bildete ein Konglomerat vielfältiger politischer Spannungen und Auseinandersetzungen, die zum Teil in Bürgerkriegssituationen mündeten. Strukturelle Voraussetzung für die vermehrte Migration waren die vielfach als gesellschaftliche Krisen wahrgenommenen Transformationen der politischen, ökonomischen und sozialen Systeme in Ostmittel-, Südost- und Osteuropa: Die Zentralverwaltungsökonomien wandelten sich zu Marktwirtschaften, staatliche Unternehmen wurden privatisiert, Preise für Grundnahrungsmittel und Mieten nicht weiter subventioniert, Beschäftigungsgarantien endeten. Vor allem durch den beschleunigten Umbau in den 1990er Jahren wuchsen Erwerbslosigkeit, Inflationsraten und Preise, während Ersparnisse entwertet wurden, viele Qualifikationen nicht mehr den Anforderungen zu genügen schienen und Realeinkommen sanken. Noch im Jahre 1999 – also zehn Jahre nach dem Umbruch 1989/1990 – erreichte beispielsweise das Bruttosozialprodukt pro Kopf in Ostmitteleuropa lediglich 36 % des für West- und Mitteleuropa ermittelten

© Der/die Autor(en) 2021
J. Oltmer, *Die Grenzen der EU*, essentials,
https://doi.org/10.1007/978-3-658-33213-6_4

Wertes. Das Verhältnis der Durchschnittslöhne lag im Jahr 1999 in diesen beiden Teilen des Kontinents bei eins zu sechs (Morawska 1999).

Ende der 1980er und Anfang der 1990er Jahre wuchs zunächst die Zahl jener Menschen aus Polen, Ungarn und der Tschechoslowakei rasch an, die Asyl in Mittel- und Westeuropa beantragten. Bald folgten Asylsuchende aus Rumänien, Bulgarien und Albanien. In den Staaten im Westen Europas bildeten politische Diskussionen um eine missbräuchliche Nutzung von Asylrechtsregelungen eine erste Reaktion, auf die bald Einschränkungen des Zugangs zu den Asylverfahren folgten. Sie kulminierten im Kontext der umfangreichen Fluchtbewegungen, die aus dem Zerbrechen Jugoslawiens in den 1990er Jahren resultierten. 1995 waren nach Angaben des Flüchtlingshochkommissars der Vereinten Nationen (UNHCR) 3,7 Mio. Schutzsuchende im Zuge des Jugoslawien-Konflikts innerhalb der Region ausgewichen. Zudem flohen mehrere hunderttausend Menschen in andere Staaten Europas und blieben für unterschiedlich lange Zeiträume (Selm 1998, S. 173–239; Calic 2006).

Vor allem während des Krieges um Bosnien-Herzegowina 1992 bis 1995 stieg die Zahl der Schutzsuchenden in West- und Mitteleuropa erheblich an. Schätzungen gehen davon aus, dass wegen der militärischen Auseinandersetzung in und um Bosnien-Herzegowina ca. 2,5 Mio. Menschen flohen. Rund 600.000 von ihnen wichen innerhalb Bosnien-Herzegowinas aus, eine ähnlich hohe Zahl blieb in den Staaten der ehemaligen Bundesrepublik Jugoslawien. Etwa 1,3 Mio. Menschen gelangten in andere Länder, rund die Hälfte davon in EU-Staaten. 1997 hielten sich noch 580.000 Schutzsuchende aus Bosnien-Herzegowina in der EU auf – darunter mit 340.000 der größte Teil in Deutschland, das auf eine Politik des erhöhten Drucks zur Rückkehr setzte: Menschen, die vor Krieg und Bürgerkrieg aus Bosnien-Herzegowina geflohen waren, wurden nicht zum Asylverfahren zugelassen. Ein prekärer Aufenthaltsstatus und zahlreiche Abschiebungen bewirkten, dass sich die Zahl der Schutzsuchenden aus Bosnien-Herzegowina in Deutschland bis 2003 auf ein Zehntel des Wertes von 1997 verringerte, innerhalb von nur sechs Jahren also.

Die neue Ost-West-Arbeitsmigration nach 1989 war zunächst vor allem auf die unmittelbar benachbarten Staaten im Westen ausgerichtet: Italien oder Griechenland wurden vornehmlich zum Ziel südosteuropäischer Zuwanderung, bei der die albanische Migration dominierte. Die Zuwanderung nach Österreich speiste sich vor allem aus Bewegungen aus Jugoslawien und deren Nachfolgestaaten, während in Deutschland polnische Beschäftigte überwogen. Die in West- und Mitteleuropa registrierten Arbeitsmigrantinnen und -migranten aus Polen arbeiteten in den 1990er Jahren zu drei Vierteln in Deutschland. Um dauerhafte Einwanderung und undokumentierte Arbeitswanderung zu vermindern sowie die

Zuwanderung in jene Arbeitsmarktbereiche zu lenken, in denen der Bedarf besonders hoch zu sein schien, vereinbarte Deutschland mit einem Großteil der Staaten Ostmittel- und Südosteuropas Abkommen zur Regelung der Arbeitsmigration – von Bosnien-Herzegowina und Bulgarien über Kroatien, die Tschechische Republik, die Slowakei, Serbien, Lettland, Mazedonien, Polen, Rumänien bis hin zu Slowenien und Ungarn. Zentrale Elemente waren dabei die Begrenzung einerseits des Umfangs der Zuwanderung auf der Basis von Bedarfsanalysen der deutschen Arbeitsverwaltung sowie andererseits die Beschränkung auf saisonale oder kurzfristige Tätigkeiten (meist ein bis drei Monate) (hierzu und zum Folgenden: Dietz 2016).

Auch andere west- und mitteleuropäische Staaten schlossen in den 1990er Jahren solche bilateralen Verträge, wenngleich diese nie das Gewicht der deutschen Regelungen erreichten. Im Jahre 2003 wurden im Rahmen bilateraler Verträge insgesamt 320.000 polnische Arbeitsmigrantinnen und -migranten in Europa beschäftigt, 95 % davon in Deutschland. Die restriktive Steuerung der Arbeitsmigration durch die Bundesrepublik trug mit dazu bei, dass andere Ziele in West- und Mitteleuropa an Attraktivität für Zugewanderte aus Polen gewannen. Seit Mitte der 1990er Jahre wuchs der Umfang der Bewegungen nach Spanien, Großbritannien, Belgien, Frankreich, Italien und schließlich auch nach Irland (Kaczmarczyk 2010, S. 165 f.). Dass die Erwerbsbereiche in Deutschland, die besonders häufig polnische Arbeitskräfte nachfragten, seit Ende der 1990er Jahre auch zunehmend in weiter entfernt liegenden Gebieten Osteuropas Arbeitskräfte (z. B. in Rumänien oder Bulgarien) suchten, lag aber auch an der verbesserten wirtschaftlichen Situation in Polen selbst: Polen entwickelte sich zum Zuwanderungsland; polnische Arbeitswanderer, darunter viele hochqualifizierte Kräfte, kehrten zudem wegen der vermehrten Erwerbsmöglichkeiten in ihr Herkunftsland zurück. Zwischen 2000 und 2010 war nach Angaben der Vereinten Nationen die Zuwanderung nach Polen jährlich um durchschnittlich 4.000 Personen höher als die Abwanderung. Das war ein Grund, weshalb der erwartete Anstieg der Abwanderung aus Polen nach Mittel- und Westeuropa nach dem EU-Beitritt des Landes 2004 ausblieb. In den Jahren bis 2015 überstieg dann zwar die Abwanderung aus Polen wieder die Zuwanderung, blieb aber auf relativ niedrigem Niveau (15.000 Personen wanderten jährlich mehr ab als zu) (Statistisches Bundesamt 2017).

Das östliche Europa darf in diesem Zusammenhang allerdings nicht ausschließlich als Abwanderungsregion verstanden werden. Anknüpfend an die Migrationsverhältnisse vor der Öffnung des „Eisernen Vorhangs", als Polen, Bulgarien, Rumänien und die Ukraine eher als Abwanderungsländer und die Tschechoslowakei, Ungarn und die DDR tendenziell als Zuwanderungsländer (wenngleich von Bewegungen relativ geringen Umfangs) zu verstehen waren

(Mazurkiewicz 2019), blieben in den 1990er Jahren insbesondere Ungarn und die Tschechische Republik zunächst weiterhin Ziele der Arbeitsmigration aus osteuropäischen Nachbarstaaten. Erst gegen Ende der 1990er Jahre verloren sie ihre Bedeutung als Zuwanderungsziele. Verantwortlich dafür waren unter anderem die wachsenden Netzwerke osteuropäischer Arbeitskräfte in und nach Westeuropa, die weitere Bewegungen von Ost nach West erheblich erleichterten.

Wie viele Menschen aus den Staaten Ostmittel- und Südosteuropas, die nach 2004 Teil der EU wurden, zwischen 1989 und Anfang der 2000er Jahre in den Westen des Kontinents wanderten, lässt sich nicht verlässlich bestimmen – vor allem deshalb nicht, weil es sich in vielen Fällen um temporäre Wanderungsbewegungen handelte. Schätzungen zufolge sind aus diesen Staaten 3,2 Mio. Menschen mehr ab- als zugewandert, daran hatten Rumänien und Bulgarien einen Anteil von mehr als 60 %. Der Umfang der Bevölkerung Bulgariens beispielsweise soll sich zwischen 1989 und 2004 um 700.000 (rund 7 %) aufgrund von Abwanderung verringert haben (Engbersen et al. 2010, S. 9 f.; Mintchev und Boshnakov 2010, S. 231 f.). Zwischen 2001 und 2005 sei in einem Zehntel der Haushalte in Bulgarien ein Mitglied in ein anderes Land abgewandert. In Rumänien soll dieser Anteil zwischen 1990 und 2000 bei 35 % aller Haushalte gelegen haben (Potot 2010, S. 250).

Hochqualifizierte Arbeitskräfte waren kaum Restriktionen einer Abwanderung nach Westen ausgesetzt. Sie kamen überwiegend aus Polen, Bulgarien, Rumänien und den baltischen Staaten, in denen sich bereits in den 1990er Jahren die Debatte um einen „Brain Drain" und die ökonomischen Folgen verstärkten. Sie entzündete sich auch deshalb, weil sich beobachten ließ, dass hochqualifizierte Arbeitsmigrantinnen und -migranten im Westen oft Positionen am Arbeitsmarkt einnahmen, die unterhalb ihres Qualifikationsniveaus lagen („Brain Waste") (Galgóczi et al. 2012, S. 8). Als negativ wurden sowohl im Osten als auch im Westen Europas außerdem die Folgen eines „social dumping" diskutiert, also die Praxis westlicher Unternehmen, Arbeitskräfte oder ganze Firmen im Rahmen der „Dienstleistungsfreiheit" aus östlichen EU-Staaten zu beauftragen, Aufträge zu geringen Löhnen bzw. Kosten, nämlich zu den Bedingungen des Herkunftslandes, ausführen zu lassen. Allerdings gab es auch vermehrt Bewegungen in den Osten bzw. Südosten Europas: Seniorinnen und Senioren aus wohlhabenderen EU-Staaten ließen sich im Rahmen von „sunset migration" oder „Lebensstil-Migration" in Ländern mit besseren klimatischen Bedingungen und geringeren Lebenshaltungskosten nieder (Boswell und Geddes 2011, S. 186–194).

Für nicht unerhebliche Veränderungen bei den Bewegungsrichtungen sorgte die globale Finanz- und Wirtschaftskrise ab 2007/2008. Sie soll zu einem Verlust von 7 Mio. Arbeitsplätzen in den alten EU-Staaten geführt haben. Das traf Arbeitsmigrantinnen und -migranten aus den neuen Schengen-Staaten im Osten Europas, die im Westen arbeiteten, besonders stark: Unter ihnen war die Erwerbslosigkeit bereits vor der Krise überdurchschnittlich hoch. In der Krise nahm die Erwerbslosigkeit unter den Zugewanderten in Belgien, Irland, Spanien, Frankreich, den Niederlanden und Schweden deutlich stärker zu als unter den Einheimischen (Galgóczi et al. 2012, S. 17–21). In der Bundesrepublik Deutschland und in Luxemburg hingegen nahm die Erwerbslosigkeit ab, weil beide Staaten die Krise schnell überwanden, die Ökonomie expandierte und sich eine hohe Nachfrage nach Arbeitskräften ausprägte. Das führte auch dazu, dass Migrantinnen und Migranten aus Osteuropa, die in den von der Finanz- und Wirtschaftskrise besonders stark betroffenen Staaten Portugal, Spanien, Italien und Griechenland gelebt hatten, nach 2008 weiter nach Norden wanderten und vermehrt beispielsweise Deutschland oder Großbritannien erreichten (Glorius und Domínguez-Mujica 2017, S. 7 f.).

Estland, Polen, Slowenien, Tschechien, Ungarn und Zypern nahmen 1998 Verhandlungen zum EU-Beitritt auf. Seit 2000 verhandelten auch Bulgarien, Lettland, Litauen, Malta, die Slowakische Republik und Rumänien um ihren Beitritt. Alle diese Staaten mit Ausnahme von Rumänien und Bulgarien wurden am 1. Mai 2004 EU-Mitglieder. Gemäß dem Vertrag von Amsterdam von 1997 übernahmen sie damit auch die Regelungen des Schengener Abkommens. Der Abbau der Grenzkontrollen zu diesen Staaten und damit die vollständige Inkraftsetzung des Schengener Übereinkommens ließ allerdings bis zum 21. Dezember 2007 auf sich warten, als die für erforderlich gehaltenen Sicherheitsstandards für diesen Schritt (bis auf Zypern wegen der Teilung der Insel) erfüllt waren.

Nicht alle Bestandteile des EU-Rechts galten aber von Anbeginn. Vor allem die Freizügigkeit von Arbeitskräften war aufgrund von Bedenken über die Folgen einer hohen Zuwanderung von dort für die nationalen Arbeitsmärkte in einigen Staaten im Westen Europas noch für bis zu sieben Jahre ausgesetzt. Irland, Schweden und Großbritannien öffneten ihre Arbeitsmärkte für Angehörige ostmittel- und südosteuropäischer Staaten, die 2004 Mitglied der EU geworden waren, allerdings noch im selben Jahr. Griechenland, Portugal und Spanien folgten 2006, die Niederlande 2007, Frankreich 2008. Deutschland nutzte die siebenjährige Frist in vollem Umfang aus und öffnete die Grenzen für Arbeitskräfte erst 2011 (Boswell und Geddes 2011, S. 76–102). Bulgarien und Rumänien wurden am 1. Januar 2007 EU-Mitglieder, Kroatien am 1. Juli 2013. Alle drei Staaten haben zwar die Schengener Verträge unterzeichnet, erfüllen aber auch im Jahr 2021 noch nicht die im Schengener Durchführungsübereinkommen festgeschriebenen grenz- und migrationspolitischen Ausgleichsregeln, weshalb weiterhin gegenüber anderen Schengen-Staaten Grenzkontrollen existieren.

Hatte die Einigung europäischer Staaten auf gemeinsame Freizügigkeitsregelungen und der Verzicht auf Kontrollen an den Binnengrenzen den Charakter eines Modells für andere Teile der Welt? Zumindest partiell lässt sich davon in Lateinamerika und Westafrika sprechen (Lavenex et al. 2016, S. 474 f.). Die europäische Initiative zur Herausbildung eines gemeinsamen Marktes unter Einschluss von Regelungen zur Freizügigkeit griff bereits 1969 die Andengemeinschaft (Comunidad Andina) auf. Bolivien, Chile (ausgetreten 1976), Ecuador, Kolumbien, Peru und Venezuela (ausgetreten 2011) vereinbarten für Angehörige der Partnerstaaten, die in einem anderen Land der Andengemeinschaft arbeiteten, die Regeln der Nichtdiskriminierung und das Recht auf gleichen Zugang zum Bildungs- und Gesundheitssektor, zum Wohnungsmarkt und zum sozialen Sicherungssystem. Seit den frühen 2000er Jahren erleichtert der „Andenpass" die Bewegung über die Grenzen der Mitgliedstaaten und garantierte Visumfreiheit. Das damals ebenfalls abgeschlossene „Anden-Migrationsstatut" (Estatuto Migratorio Andino) schreibt Freizügigkeit für die Angehörigen der Vertragsstaaten fest und soll dem Vorbild von „Schengen" entsprechend alle Kontrollen an den Binnengrenzen der Andengemeinschaft beseitigen, ist aber auch nach mehr als anderthalb Jahrzehnten noch nicht in Kraft getreten.

Auch der 1991 gegründete „Gemeinsame Markt im südlichen Lateinamerika" (Mercosur) lehnte sich zunächst an die europäische Integration an und verstand diese als Modell. Mercosur, gegründet von Argentinien, Brasilien, Paraguay und Uruguay, dem sich später weitere Staaten anschlossen, ist im Kern eine Zollunion, verfolgt aber auch migrationspolitische Ziele: Seit Ende der 1990er Jahre gilt eine Regelung zur Übertragung von Rentenansprüchen über Ländergrenzen, die Gleichbehandlung und Nichtdiskriminierung von Arbeitsmigrantinnen und Arbeitsmigranten ist rechtlich verankert. Es herrscht Visumfreiheit (Brumat und Acosta 2019).

Wie in Europa, wurden die migrations- und grenzpolitischen Maßnahmen vor allem mit dem Interesse an einer Förderung der Ökonomie begründet. Im Angesicht der schweren Wirtschaftskrise in Südamerika Ende der 1990er und Anfang der 2000er Jahre rückte Mercosur von der Vorstellung ab, Migrationspolitik vornehmlich als Thema ökonomischer Entwicklung zu verstehen. Vor allem die Diskussion um den Umgang mit Hunderttausenden von undokumentierten Migrantinnen und Migranten, die vielfach von den Folgen der Wirtschaftskrise besonders stark betroffen waren, führte zu einer politischen Initiative, die die Chancen von Angehörigen von Mitgliedstaaten erheblich verbesserte, in einem anderen Partnerland einen Aufenthaltstitel zu erlangen. Dass es hierbei um eine Regularisierung des Aufenthalts und nicht um eine Freizügigkeitsregelung ging, zeigt sich darin, dass der Grenzübertritt nicht erleichtert wurde. Während diese Maßnahmen auf Herausforderungen in Südamerika reagierten und in der politischen Debatte eine Vorbildfunktion der europäischen Integration für die südamerikanische Migrationspolitik auch explizit abgelehnt wurde, ist die EU als politisches Rollenmodell zuletzt wieder präsenter geworden: Seit Anfang der 2010er Jahre verfolgt Mercosur das Ziel, eine gemeinsame Staatsbürgerschaft zu entwickeln, der Plan ließ sich bislang allerdings nicht umsetzen.

Rund ein Jahrzehnt nach der Andengemeinschaft stimmte die Economic Community of West African States (ECOWAS) ein „Protocol on Free Movement of Persons, Residence and Establishment" ab. Es schrieb als Ziel die Freizügigkeit zwischen den Angehörigen der Mitgliedstaaten Benin, Burkina Faso, Cap Verde, Elfenbeinküste, Gambia, Guinea, Guinea-Bissau, Liberia, Mali, Niger, Nigeria, Senegal, Sierra Leone und Togo in drei Phasen fest. Die 1979 vereinbarte Regelung umfasste Bestimmungen über eine visumfreie Einreise sowie das Recht, sich in einem anderen Mitgliedstaat Arbeit zu suchen und sich niederzulassen, ohne um eine Genehmigung nachsuchen zu müssen. Bereits unmittelbar nach dem Ende der Kolonialzeit in Westafrika zeigte sich ein politischer Konsens, die zwischenstaatliche Zusammenarbeit zu stärken. Ziel war nicht nur die Verbesserung der ökonomischen Situation. Vielmehr ging es auch um die Förderung des politischen Dialogs, nicht zuletzt, um gemeinsame Wege des Umgangs mit den weitreichenden Konsequenzen von Kolonisation und Dekolonisation zu finden – darunter die für die Migrationsverhältnisse höchst folgenreiche willkürliche Ziehung staatlicher Grenzen durch die Kolonialmächte.

Bis in die Gegenwart haben die politischen Eliten in den Staaten der ECOWAS an den Zielen des Protokolls von 1979 festgehalten, wenngleich diverse Absprachen keineswegs in allen Mitgliedstaaten in Kraft gesetzt wurden: Während Regelungen zur visumfreien Einreise und eines anschließenden Aufenthalts von bis zu 90 Tagen bereits Mitte der 1980er Jahre in allen Mitgliedstaaten umgesetzt worden waren, galt das nicht für das Recht auf Beschäftigung und die Aufnahme einer selbstständigen Tätigkeit. Und selbst wenn die gemeinsamen Regelungen in das nationale Recht implementiert worden sind, ist in vielen Staaten nicht gesichert, dass sie auch angewendet werden.

Die EU unterstützte den Prozess der Weiterentwicklung von Freizügigkeitsregelungen in Westafrika lange finanziell und politisch. Seit Mitte der 2010er Jahre aber lässt sich ein Paradigmenwechsel beobachten: Angesichts der Zunahme der Zahl Asylsuchender auch aus West- und Ostafrika in Europa und der in der EU weitverbreiteten Vorstellung, sie könne in Zukunft erheblich weiter ansteigen, setzt die Afrikapolitik der EU nicht mehr auf die Förderung der Integration der Volkswirtschaften, sondern auf eine Verstärkung der Abgrenzung der Staaten untereinander. Grenzüberschreitende Bewegungen sollen in Westafrika vermehrt kontrolliert und verhindert werden, um Migrationen in Richtung Europa zu erschweren.

Eine ähnliche Entwicklung steht in Ostafrika zu erwarten: Während in Westafrika seit der Dekolonisierung eine Politik der überstaatlichen Zusammenarbeit viele Anhänger fand, blieben die zwischenstaatlichen Beziehungen in Ostafrika eher durch Konflikte und Kriege gekennzeichnet. Grenzüberschreitende Bewegungen wurden vornehmlich als Risiken für Sicherheit und Ökonomie wahrgenommen. Erst seit dem Friedensabkommen zwischen Äthiopien und Eritrea 2018 hat sich die regionale Zusammenarbeit insbesondere im Rahmen der „Intergovernmental Authority on Development" (IGAD) als gemeinsame Einrichtung von sieben Ländern in Nordostafrika verstärkt, die auch auf Erleichterungen für die grenzüberschreitende Migration zielen (Dick und Schraven 2018). Vieles deutet darauf hin, dass auch hier die EU ihre Unterstützung bald zurückziehen wird.

Die EU-Asylpolitik als Folge der Etablierung einer gemeinsamen Außengrenze

Weil kontrollfreie Binnengrenzen Asylsuchenden zu ermöglichen schienen, sich relativ ungehindert im Schengen-Raum zu bewegen, waren schon Ende der 1980er Jahre Regelungen über den gemeinsamen Umgang mit Asylanträgen diskutiert worden. Beinahe zeitgleich mit dem Schengener Durchführungsübereinkommen, das bereits einige Asylbestimmungen enthält, wurde 1990 in Dublin das „Übereinkommen über die Bestimmung des zuständigen Staates für die Prüfung eines in einem Mitgliedstaat der Europäischen Gemeinschaften gestellten Asylantrages" unterzeichnet.[1] Es trat 1997 nach langwierigen Debatten über die Umsetzung in Kraft. Zum einen legt es fest, dass ein Asylverfahren in dem EU-Staat durchzuführen ist, in den die oder der Asylsuchende zuerst eingereist ist. Auf diese Weise soll erreicht werden, dass Asylsuchende nicht von einzelnen Staaten abgewiesen werden können und folglich ohne Verfahren im Schengen-Raum von Land zu Land reisen (diskutiert unter der Formel „refugees in orbit"). Darüber hinaus soll die Regelung im Falle einer Ablehnung eines Asylantrags durch einen Mitgliedstaat verhindern, dass in einem anderen Land ein weiterer Antrag gestellt wird (das sogenannte „Asylshopping") (Lavenex 2001).

Weil für die Aufnahme von Asylsuchenden und die Durchführung von Asylverfahren in erster Linie Staaten an den EU-Außengrenzen zuständig sind, führte das Dublin-System zu erheblichen Ungleichgewichten (in den 1990er Jahren vor allem zulasten der Länder mit einer Grenze zum europäischen Osten, seit Anfang der 2000er Jahre vor allem der Mittelmeeranrainerstaaten Spanien, Italien und Griechenland). Ein Mechanismus zur Weiterverteilung von Schutzsuchenden innerhalb der EU erwies sich aber wegen des Widerstands diverser Staaten, zuletzt insbesondere solche im Osten Europas, als nicht durchsetzbar. Auch die großen

---

[1] https://eur-lex.europa.eu/legal-content/EN/TXT/PDF/?uri=CELEX:41997A0819(01)&from=DE (31.08.2020).

© Der/die Autor(en) 2021
J. Oltmer, *Die Grenzen der EU*, essentials,
https://doi.org/10.1007/978-3-658-33213-6_5

Unterschiede zwischen den Asylsystemen der Mitgliedstaaten ließen sich nicht auflösen. Zwar vereinbarten die Mitgliedstaaten ein „Gemeinsames Europäisches Asylsystem". Es vermochte aber nur im Ansatz zur Vereinheitlichung der nationalen Asylregelungen beizutragen. EU-Parlament und Europäische Kommission mahnten seit den 1990er Jahren meist eine engere Zusammenarbeit der Mitgliedstaaten an, führten die Vorteile der Einführung gemeinsamer Regeln an und zielten tendenziell auf eine Stärkung der Rechte von Schutzsuchenden. Der Europäische Rat als Organ der Vertretung der Mitgliedsländer nahm demgegenüber in der Regel eine deutlich restriktivere Position ein.

Auch zwischen den Mitgliedstaaten und in den jeweiligen innenpolitischen Debatten lassen sich weitreichende Auseinandersetzungen über die Ausrichtung der Asylpolitik ausmachen. Während einige Staaten Rechte von Schutzsuchenden gewahrt wissen wollen, verweisen andere auf einen Primat der Kontrolle und Begrenzung von Zuwanderung. Seit Langem werden Fragen nach der Teilhabe von Schutzsuchenden am Arbeitsmarkt ebenso kontrovers diskutiert wie die Gewährung von Sozialleistungen oder von Bewegungsfreiheit in den Mitgliedstaaten. An den Debatten nehmen in den EU-Ländern wegen der je verschiedenen Asylsysteme zudem Akteure auf unterschiedlichen Ebenen teil: Die Gewährung von Leistungen und Handlungsmöglichkeiten für Schutzsuchende sind in einigen Fällen ausschließlich gesamtstaatliche Aufgaben, in anderen wiederum werden Verantwortlichkeiten föderal geteilt oder gehören in den Kompetenzbereich der Kommunen.

Anfang der 2000er Jahre beschloss die EU Mindeststandards für die nationale Asylgesetzgebung und die Asylverfahren – weniger im Interesse von Schutzsuchenden, sondern vor allem um auszuschließen, dass Schutzsuchende angesichts sehr unterschiedlicher Standards weiterwandern, um bessere Bedingungen in anderen Ländern zu finden. Die Mindeststandards blieben allerdings durch nationale Ermessensspielräume beschränkt, weshalb die Unterschiede in den Verfahren und in den Leistungen, die Asylsuchenden und anerkannten Flüchtlingen gewährt werden, weiterhin ausgesprochen groß sind. Hinzu kommt, dass nicht in allen Mitgliedstaaten die Mindeststandards erreicht werden – nicht zuletzt, weil aus der Sicht vieler staatlicher Akteure lange Verfahren, geringe Leistungen und wenige Rechte dazu beitragen könnten, die Zahl der Asylanträge niedrig zu halten, seien doch so „Pull-Faktoren" auszuschließen (Boswell und Geddes 2011, S. 150–175).

Vor diesem Hintergrund vermochten sich die Schengen- bzw. EU-Staaten im Jahrzehnt vor und nach der Jahrtausendwende vor allem auf Maßnahmen zu einigen, die auf eine Verstärkung von Grenzkontrollen und Grenzschutz sowie eine Verminderung der Zahl der Menschen ausgerichtet waren, die an den Außengrenzen Asyl beantragen konnten. An Bedeutung gewannen hierbei die Übernahme von Grenzkontrollaufgaben durch Drittstaaten und die Förderung von bzw. die Forderung nach Einführung von Pass-, Visa- und Grenzkontrollen im Vorfeld der EU-Grenzen. Im Sinne einer „remote control" (Aristide Zolberg) wurden nicht nur außerhalb der EU vermehrt Bewegungen von Menschen überwacht, sondern diese möglichst auch immobilisiert. Instrumente zur Realisierung von Vorverlagerungen von Grenzkontrollen bilden seit den 1990er Jahren vor allem Regelungen, andere Staaten zu „sicheren Drittstaaten", „sicheren Herkunfts- und Transitstaaten" zu erklären und sie damit für Asylverfahren verantwortlich zu machen (Geiger und Pécoud 2010).

Solche Regelungen sind häufig abgestützt worden durch Verträge mit Herkunfts- oder Transitstaaten, die keineswegs immer bereit und in der Lage waren, Menschenrechte zu garantieren. Kooperations- und Assoziierungsabkommen der EU mit Drittstaaten unter anderem im Rahmen der „Europäischen Nachbarschaftspolitik" umfassen etwa als „Mobilitäts-" oder „Migrationspartnerschaften" regelmäßig migrationspolitische Bestimmungen (Bendel und Ripoll Servent 2018). Schwerpunkte bildeten zunächst vor allem Aspekte des Grenzschutzes, der Kontrolle von Bewegungen und der Rückübernahme von Angehörigen der Drittstaaten. Bald wuchs zudem die Bedeutung der Vermittlung von Informationen über Bewegungen weit vor den EU-Außengrenzen und der Abstimmung über die Frage, auf welche Weise potenzielle Bewegungen verhindert werden könnten.

„Mobilitätspartnerschaften" hat die EU bislang mit neun Staaten geschlossen: der Republik Moldau (2008), Cap Verde (2008), Georgien (2009), Armenien (2011), Aserbaidschan (2013), Marokko (2013), Tunesien (2014), Jordanien (2014) und Belarus (2016). Diese Staaten sollen unerwünschte Migration blockieren und sind zur Rücknahme jener Migrantinnen und Migranten verpflichtet, die keinen Aufenthaltsstatus in der EU haben oder erhalten. Anreize für den Vertragsabschluss bestehen in wirtschaftlicher und finanzieller Unterstützung sowie in der Liberalisierung der Visabestimmungen. Das Instrument der „Migrationspartnerschaften" trat als Reaktion auf den Anstieg der Zahl der Schutzsuchenden in EU 2015/2016 hinzu: Vornehmlich mit nord-, west- und ostafrikanischen Staaten sollen sie abgeschlossen werden, um Bewegungen in Richtung Europa zu verhindern oder Menschen aus Europa unter erleichterten Bedingungen zurückführen zu können. Anders als im Falle der Mobilitätspartnerschaften sind Visaerleichterungen nicht vorgesehen, im Vordergrund stehen entwicklungs- und handelspolitische Kooperationen.

Wie ein Blick in die Asylstatistik der 2010er Jahre zeigt (Tab. 5.1), blieb die EU bzw. blieben einzelne Mitgliedstaaten trotz der geschilderten Maßnahmen zur

Tab. 5.1 Zahl
Asylsuchender in den
28 Mitgliedstaaten der EU
2011 bis 2019

Jahr	Zahl	davon Deutschland
2011	309.045	53.240
2012	335.290	77.485
2013	431.100	126.705
2014	626.965	202.645
2015	1.322.850	476.510
2016	1.260.920	745.160
2017	712.250	222.565
2018	664.410	184.180
2019	743.595	165.615

Quelle: Eurostat

Verminderung der Asylzuwanderung dennoch wichtige Ankunfts- und Aufnah-
mestaaten der Asylmigration. Warum aber wurde Europa, und hier insbesondere
Deutschland, Mitte der 2010er Jahre ein Hauptziel der Bewegung insbesondere
syrischer Schutzsuchender? Sechs Elemente eines komplexen Zusammenhangs
seien hier skizziert. Die Reihenfolge der Argumente repräsentiert keine Hierar-
chie, alle genannten Faktoren stehen in einem unmittelbaren Wechselverhältnis
zueinander:

1. Finanzielle Mittel: Wichtige Herkunftsländer von Asylsuchenden in der EU
   lagen in relativer geografischer Nähe (Syrien, Südosteuropa). Die Kosten für
   das Unternehmen Flucht von dort hielten sich mithin in Grenzen – zumindest im Vergleich zu Bewegungen aus anderen globalen Konfliktherden etwa
   in West- oder Ostafrika, Südasien oder Lateinamerika, die in den vergangenen
   Jahren und Jahrzehnten selten Europa erreichten. Außerdem grenzt die Türkei
   als das wichtigste Erstziel des Großteils syrischer Schutzsuchender unmittelbar an EU-Länder – und schien zugleich vor dem Hintergrund der mehr als
   drei Millionen Schutzsuchenden im Land, eines prekären Aufenthaltsstatus
   und beschränkter Möglichkeiten des Zugangs zu Bildung und zum regulären
   Arbeitsmarkt nur geringe Zukunftsperspektiven zu bieten.
2. Netzwerke: Migration findet vornehmlich in Netzwerken statt, die durch
   Verwandtschaft und Bekanntschaft konstituiert sind. EU-Staaten und hier insbesondere Deutschland entwickelten sich Mitte der 2010er Jahre auch deshalb
   zu einem wichtigen Ziel von Asylsuchenden, weil es hier (mit allerdings erheblichen Unterschieden zwischen den EU-Staaten, siehe oben) zum Teil seit

Längerem recht umfangreiche Herkunftskollektive gab, die für Menschen, die vor Krieg, Bürgerkrieg und Maßnahmen autoritärer Systeme auswichen, eine zentrale Anlaufstation bildeten. Das galt nicht nur für Menschen aus Syrien und Südosteuropa, sondern auch für solche aus dem Irak, Afghanistan und Eritrea. Und weil migrantische Netzwerke die Wahrscheinlichkeit für weitere Migration erhöhen, hat die Zuwanderung von Asylsuchenden die insbesondere in den Jahren 2014 bis 2016 zu beobachtende Dynamik gewonnen.

3. Aufnahmeperspektiven: Staaten entscheiden mit weiten Ermessensspielräumen über die Zulassung von Migration und den Status jener, die einen Schutzstatus erhalten. Die Bereitschaft, Schutz zu gewähren, ist immer ein Ergebnis vielschichtiger Prozesse des Aushandelns durch Individuen, Kollektive und (staatliche) Institutionen, deren Beziehungen, Interessen und Kategorisierungspraktiken sich stets wandeln. Mit der permanenten Veränderung der politischen, administrativen, publizistischen, wissenschaftlichen und öffentlichen Wahrnehmung von Migration verbindet sich ein Wandel im Blick auf die Frage, wer unter welchen Umständen als schutzsuchend verstanden und wem in welchem Ausmaß und mit welcher Dauer Schutz oder Asyl zugebilligt wird. In den frühen 2010er Jahren und bis weit in das Jahr 2015 hinein ließ sich, in höherem Maße als in vielen anderen EU-Staaten, eine relativ große Aufnahmebereitschaft in der Bundesrepublik Deutschland beobachten. Verantwortlich dafür war eine nicht zuletzt vor dem Hintergrund der günstigen Situation von Wirtschaft und Arbeitsmarkt positive Zukunftserwartung in Politik, Wirtschaft und Gesellschaft. Die seit vielen Jahren laufende breite Diskussion um den Fachkräftemangel und um den demografischen Wandel führte ebenso zu einer Öffnung wie die Akzeptanz menschenrechtlicher Standards und die Anerkennung des Erfordernisses des Schutzes vornehmlich von Menschen aus Syrien, aus der zugleich eine große Bereitschaft zu ehrenamtlichem Engagement resultierte.

4. Aufhebung von Migrationsbarrieren: Seit den 1990er Jahren hatte die EU, wie geschildert, ein System zur Abwehr von Fluchtbewegungen aufgebaut. Eine vielgestaltige europäische migrationspolitische Zusammenarbeit mit Staaten wie Libyen, Ägypten, Tunesien, Marokko, Albanien oder der Ukraine suchte zu verhindern, dass potenzielle Asylsuchende die Grenzen der EU erreichten (Geiger und Pécoud 2010; Walton-Roberts und Hennebry 2014; Gammeltoft-Hansen 2011). Diese EU-Vorfeldsicherung brach seit Anfang der 2010er Jahre aufgrund der Destabilisierung diverser dieser Kooperationspartner am Rand der EU (unter anderem im Kontext des „Arabischen Frühlings", aber auch des Ukraine-Konflikts) zusammen. Der Zerfall der politischen Systeme war eng verbunden mit den tiefgreifenden Folgen der weltweiten Finanz-

und Wirtschaftskrise seit 2008, die die gesellschaftlichen Konflikte in zahlreichen EU-Anrainerstaaten verschärfte, die staatlichen Handlungsmöglichkeiten
beschnitt sowie die Bereitschaft und die Reichweite einer Zusammenarbeit mit
der EU minimierte.

5. Auflösung des „Dublin-Systems": Die Weltwirtschaftskrise wirkte nicht nur
   auf den äußeren Ring der Vorfeldsicherung gegen die Zuwanderung von
   Schutzsuchenden jenseits der Grenzen der EU, sondern auch in den inneren Ring hinein. Das seit den frühen 1990er Jahren entwickelte europäische
   „Dublin-System" führte tendenziell zu einer Abschließung der EU-Kernstaaten
   und insbesondere Deutschlands gegen weltweite Fluchtbewegungen, indem es
   die Verantwortung für die Durchführung eines Asylverfahrens jenen europäischen Staaten überließ, in die Antragstellende zuerst eingereist waren (Lavenex
   2001). Das konnten nur Staaten an der EU-Außengrenze sein. Lange schien
   das System zu funktionieren, insbesondere deshalb, weil die Zahl der Schutzsuchenden, die europäische Grenzen erreichten, seit Mitte der 1990er Jahre
   relativ niedrig lag. Aufgrund der Finanz- und Wirtschaftskrise und im Kontext des Anstiegs der Zahl der Asylsuchenden aber waren diverse europäische
   Grenzstaaten, vornehmlich Griechenland und Italien, immer weniger bereit
   und in der Lage, die ungleich verteilten Verantwortlichkeiten des Dublin-
   Systems zu tragen, die Schutzsuchenden zu registrieren und in das jeweilige
   nationale Asylverfahren zu fügen.

6. Die Bundesrepublik als „Ersatz-Zufluchtsland": Die weltweite Finanz- und
   Wirtschaftskrise führte innerhalb der EU dazu, dass die Bereitschaft traditions-
   reicher und gewichtiger Asylländer wie etwa Frankreich oder Großbritannien
   erheblich sank, Schutz zu gewähren (siehe Punkt 3 zu den unterschiedlich
   gelagerten Aushandlungen über die Aufnahme von Schutzsuchenden in den
   EU-Staaten). In diesem Kontext wurde die Bundesrepublik 2015 gewissermaßen zu einem Ersatz-Zufluchtsland und damit zu einem neuen Ziel im globalen
   Fluchtgeschehen – neu insofern, als es bis dahin keine umfangreichen Bewegungen von Schutzsuchenden von außerhalb Europas in die Bundesrepublik
   gegeben hatte.

Mehrere wesentliche Faktoren trugen dazu bei, dass sich insbesondere seit
Herbst 2015 die Konstellationen im Blick auf die Migration von Schutzsuchenden
erneut weitreichend änderten: Von einem europäischen oder gar globalen Teilen von Verantwortung gegenüber den weltweiten Fluchtbewegungen ließ sich in
kaum einer Hinsicht sprechen. Das Desinteresse bzw. die Weigerung vieler Staaten, Schutzsuchende aufzunehmen, mündete nicht nur allenthalben in Maßnahmen
zur Abschließung von Grenzen, die dazu führten, dass Menschen auf der Flucht

immobilisiert wurden oder neue Pfade einschlagen mussten, die mit größeren Risiken, höheren Kosten und geringeren Chancen, Schutz zu finden, verbunden waren. Ein Ergebnis des Scheiterns der seit Langem auch in der EU diskutierten Verantwortungsteilung bestand darin, dass Staaten bzw. deren Bevölkerungen, die zunächst noch in höherem Maße Bereitschaft zeigten, Schutzsuchende aufzunehmen, wie etwa die Türkei, der Libanon, Deutschland oder Schweden, relativ rasch ebenfalls auf einen politischen Kurs der Grenzschließung und des Desinteresses gegenüber einer Aufnahme einschwenkten. Allenthalben fielen nun auch hier Asylsuchende unter den Generalverdacht einer potenziellen Belastung und Bedrohung für Sicherheit, wirtschaftliche Prosperität, soziale Systeme oder spezifische kulturelle und politische Werte einer vielfach als homogen vorgestellten Gesellschaft.

Die Europäische Union hatte zwar, wie geschildert, seit Mitte der 1990er Jahre mit dem Dublin-Abkommen und den Reformen der Jahre 2004 bis 2006 Instrumente zur „Harmonisierung" asylpolitischer Regelungen der Mitgliedstaaten und von Asylverfahren entwickelt. Der Rahmen aber blieb fragmentiert, gewissermaßen ein in den Anfängen steckengebliebenes Projekt (Bendel 2017), dessen Anwendung in der Konstellation von 2015/16 scheiterte. Fortan beschränkte sich die Kooperation der EU-Mitgliedstaaten erneut wesentlich auf die Entwicklung von restriktiven Regeln für eine gemeinsame Grenz- und Visapolitik sowie auf die Zusammenarbeit zur Begrenzung der Asylzuwanderung, wie sie etwa im Rahmen des Abkommens mit der Türkei im März 2016 realisiert werden konnte. Sie geht einher mit einer Renaissance der Vorfeldsicherung: Stärker noch als im Jahrzehnt vor und nach der Jahrtausendwende sollen Verträge mit Staaten jenseits der Grenzen der Europäischen Union (potenzielle) Schutzsuchende bereits weit vor den EU-Außengrenzen aufhalten. Hinzu treten asylpolitische Verschärfungen im Innern der Mitgliedstaaten, die einen Beitrag dazu leisten sollen, (potenzielle) Schutzsuchende davon abzuhalten, den Weg nach Europa einzuschlagen.

Parallel dazu schien vielen Mitgliedstaaten eine verstärkte Grenzsicherung innerhalb des Schengen-Raums nötig zu sein. Mit dem Anstieg der Zahl der Asylsuchenden Mitte der 2010er Jahre verschärften sich Forderungen, die Hürden für die Durchführung von Grenzkontrollen im Schengen-Raum zu senken. Vermehrt sind solche seither wieder eingeführt worden. Weiterhin nehmen sechs der insgesamt 26 Schengen-Staaten an Teilen ihrer Staatsgrenzen – oder im Falle Frankreichs: innerhalb des eigenen Staatsgebiets – Personenkontrollen vor. Die Begründungen für die Wiedereinführung von Grenzkontrollen lauten bei allen Staaten ähnlich: Schutz vor globaler terroristischer Bedrohung, grenzüberschreitender organisierter Kriminalität und sogenannter „secondary movements" von Asylsuchenden innerhalb des Schengen-Raums[2], also als Herausforderungen der Globalisierung markierte Phänomene, denen nicht allein durch europäische Zusammenarbeit, sondern auch durch die Betonung nationalstaatlicher Souveränität und des Schutzes der nationalen Territorien beizukommen sei.

---

[2]Europäische Kommission, Temporary Reintroduction of Border Control, 2019, https://ec. europa.eu/home-affairs/what-we-do/policies/borders-and-visas/schengen/reintroduction-bor der-control_en (20.09.2020).

Schluss

Seit dem Abschluss des Schengener Übereinkommens ist das Gewicht der Asyl- und Migrationspolitik für die EU erheblich angewachsen. Bis weit in die 1990er Jahre waren gemeinsame Aktivitäten auf diesen Feldern durch Verfahren zur intergouvernementalen Entscheidung gekennzeichnet: Vor allem die Innen- und Justizministerien der EU-Staaten verständigten sich über gemeinsame politische Initiativen und Regularien. Seit Ende der 1990er Jahre aber sind die Verfahren vergemeinschaftet, das heißt Mitgliedstaaten und die supranationalen Organe der EU entscheiden gemeinsam: Gesetzesvorhaben gehen ausschließlich von der Europäischen Kommission aus, sie werden vom Parlament und dem Rat der EU verabschiedet.

Ausgenommen von gemeinsamen Initiativen ist weiterhin das Feld der Arbeitsmigration. Die Forderung des 2009 in Kraft getretenen Lissaboner Vertrags nach der Entwicklung einer EU-Einwanderungspolitik blieb weitgehend folgenlos. Der einzige Bereich, in dem sich in diesem Feld eine Abkehr von dem Primat der nationalen Politik ergab, bezieht sich auf hochqualifizierte Migrantinnen und Migranten: Wegen des großen internationalen Wettbewerbs um diese Gruppe setzten die EU-Mitgliedstaaten auf gemeinsame Aktivitäten.

Der Rückblick auf die Verhandlungen zum Schengener Abkommen 1985, zum Schengener Durchführungsübereinkommen von 1990 sowie die folgenden nationalen und zwischenstaatlichen Debatten um die Umsetzung der Regelungen lässt eines deutlich werden: Je länger diskutiert und je intensiver neue Weltvorstellungen wie insbesondere „Globalisierung" und „Migration" Auffassungen über die Gegenwart und die Zukunft der Staatengemeinschaft prägten, desto größeren Regelungsbedarf sahen die beteiligten Staaten in den grenz- und migrationspolitisch motivierten Ausgleichsmaßnahmen des Durchführungsübereinkommens: Weil „Schengen" erhebliche Risiken mit sich zu bringen schien, müssten zunächst

J. Oltmer, *Die Grenzen der EU*, essentials,
https://doi.org/10.1007/978-3-658-33213-6_6

durch die deutlich vermehrte polizeiliche Zusammenarbeit sowie durch eine Intensivierung der Überwachung der Außengrenzen die Kontrollkapazitäten deutlich erhöht werden. Erst danach könne die Öffnung der Binnengrenzen erfolgen.

Die beschlossenen Ausgleichsmaßnahmen des Schengener Durchführungsübereinkommens führten zu deutlich mehr Personal an den Außengrenzen. Der Grenzschutz blieb zwar Aufgabe der Einzelstaaten. Allerdings werden diese durch die 2004 gegründete EU-Grenzschutzagentur Frontex unterstützt. Deren Ressourcen und Handlungsmöglichkeiten wuchsen kontinuierlich an: Verfügte sie 2006 über ein Budget von 19 Mio. EUR, waren es 2018 320 Mio. EUR. Zentrale Aufgabe von Frontex ist die Sammlung von Daten über Kriminalität über Staatsgrenzen, den Schmuggel von Personen und Waren sowie die grenzüberschreitende Bewegung von Menschen, die nicht über Aufenthaltstitel verfügen. Diese Daten sollen analysiert, Ergebnisse für die Mitgliedstaaten aufbereitet, Konzepte für den Grenzschutz entwickelt, Forschung initiiert, Grenzschutzaktivitäten koordiniert und nationale Grenzpolizeien unterstützt werden. Um die operativen Fähigkeiten von Frontex erweitern zu können, sollen in den kommenden Jahren vermehrt eigene EU-Grenzschutzbeamte an den Außengrenzen aktiv werden (Bossong 2019). Frontex ist Kennzeichen einerseits der gewachsenen Bedeutung der Vorstellung von der Notwendigkeit der Sicherung der Außengrenze, andererseits aber auch der Bereitschaft, die Mitgliedstaaten zu entlasten, die an der Außengrenze Sicherungsmaßnahmen für die gesamte EU übernehmen. Frontex ist aber auch ein Zeichen dafür, dass die Länder Kerneuropas nicht in allen Fällen davon überzeugt sind, dass die Staaten an den Außengrenzen diese effizient genug überwachen (Fink 2018, S. 22–79).

In den Kontext der Verstärkung der Überwachung der Außengrenzen gehört auch deren vermehrte Technisierung und Digitalisierung, weshalb auch von einer „e-Border" oder von „technological borders" gesprochen wird (Dijstelbloem et al. 2011, S. 1, 5). An der zunächst vor allem im sicherheitspolitischen Fokus stehenden Schengen-Ostgrenze (aber auch an den Flughäfen) kamen seit 1993 verstärkt Geräte zur Prüfung von Dokumenten und Gepäck sowie Wärmebild- und Überwachungskameras zum Einsatz. Sie sollten Menschen, die über keine oder gefälschte Einreisepapiere verfügten oder jenseits von Kontrollstellen bzw. versteckt in Fahrzeugen einzureisen versuchten, von einem Grenzübertritt abhalten. Seither hat sich die Infrastruktur zur Überwachung der Grenzen erheblich verändert und verstärkt: durch den Einsatz von Drohnen, Flugzeugen und Satelliten, aber auch durch die sehr viel schnellere Verarbeitung von immer mehr Daten im Rahmen verschiedener Schengen- bzw. EU-Informationssysteme, die als „Digitalisierung des Grenzregimes" beschrieben werden kann („Schengener Informationssystem", „Visa-Informationssystem", „Eurodac") (Marin 2011).

Jenseits der Aktivitäten an den und vor den Außengrenzen vermehrte sich das Kontrollaufkommen im Binnenland. Grenzschutz verlagerte sich von der Grenzlinie zum Grenzraum, der das gesamte Territorium eines Staates bzw. die Schengen-Staaten insgesamt umfasst. Hierzu zählen Maßnahmen wie die „Schleierfahndung", die Kontrollen weit vor den Grenzen im Binnenland etwa an wichtigen Verkehrswegen ermöglicht. Auch die intensivierte grenzüberschreitende Zusammenarbeit der Sicherheitsbehörden der Schengen-Staaten ist auf den gesamten Schengen-Raum und nicht auf die Grenzlinie selbst ausgerichtet. Außerdem werden vermehrt private Akteure in das Grenzregime eingebunden: Bereits seit Ende der 1980er Jahre schrieben einzelne Staaten, Beförderungsunternehmen – und hier vor allem Fluggesellschaften – vor, Personaldokumente vor dem Antritt einer Reise in den Schengen-Raum zu prüfen. Im Falle eines Transports von Menschen mit ungültigen Papieren müssen die Unternehmen die Kosten für den Rücktransport übernehmen und Strafzahlungen leisten. Diese Verpflichtung fand Eingang in das Schengener Durchführungsübereinkommen (Laube 2010; Menz 2010).

Die Herausbildung einer Migrations- und Grenzpolitik im Schengen-Raum und in der EU lässt in der durch eine weitreichende Heterogenität migrationspolitischer Vorstellungen geprägten Staatengemeinschaft vor allem zwei Spannungsfelder sichtbar werden. Sie bewegt sich erstens zwischen den Polen einerseits eines supranationalen Vereinheitlichungsstrebens und andererseits der Wahrung nationaler Autonomie, die sich höchstens zu einer Abstimmung untereinander ohne Abgabe von Souveränitätsrechten bereitfindet, sowie zweitens zwischen der Durchsetzung als universell gültig verstandener Menschenrechte und den Prämissen innerer Sicherheit. Migrations- und Asylpolitik gelten in den Mitgliedstaaten zumeist als für die Innen- und nationale Identitätspolitik hochgradig sensible Bereiche, in denen die Beschränkung nationaler Souveränität besonders bedrohlich wirkt angesichts offenbar grenzenloser, weil menschenrechtlich definierter Ansprüche von Schutzsuchenden. Gemeinsame Interessen zu markieren und gemeinsame Regelungen zu entwickeln, gelang in den vergangenen Jahren deshalb vor allem dort, wo eine Verstärkung von Kontrollen und der Restriktionen des Zugangs nach Europa verfolgt wurde. Demgegenüber blieb die vielfach angemahnte Teilung von Verantwortung bei der Aufnahme von Schutzsuchenden weitgehend aus – wie in den späten 2010er Jahren die intensiven Debatten um die Seenotrettung im Mittelmeer, den Umgang mit Schutzsuchenden in Lagern am Rande der EU oder eine gescheiterte Weiterentwicklung eines Gemeinsamen Europäischen Asylsystems vielfach verdeutlichten.

Was Sie aus diesem *essential* mitnehmen können

- Europäische Integration entwickelte sich auch im Feld der Migrations- und Grenzpolitik weder einheitlich noch kontinuierlich oder widerspruchs- und konfliktfrei.
- Das Schengener Abkommen von 1985 bedeutete einen wesentlichen Einschnitt der Grenz- und Migrationspolitik. Eine Abstimmung über die Gestaltung einer gemeinsamen Migrationspolitik setzte allerdings in Europa bereits in den 1950er Jahren ein. „Schengen" ist also kein migrationspolitischer Anfang, sondern nur eine von mehreren wichtigen Wegmarken.
- Zeitgleich mit der Umsetzung des Schengener Abkommens begann eine folgenreiche Diskussion um Sicherheitsgefahren durch Migration, während bis dahin meist nur über arbeitsmarkt- und wirtschaftspolitische Dimensionen räumlicher Bewegungen debattiert worden war.
- Die „Versicherheitlichung" der Diskussion um Migration verband sich um 1990 sehr eng mit der Durchsetzung einer Vorstellung, Europa, die Nationalstaaten und ihre Handlungsmöglichkeiten unterlägen durch einen mit dem Begriff „Globalisierung" gefassten und als neu verstandenen Prozess erheblichen Veränderungen.
- Seit den frühen 1990er Jahren wuchs mit der Etablierung einer EU-Außengrenze das Erfordernis einer gemeinsamen Abstimmung über die Asylpolitik, die aber auf sehr unterschiedliche Interessen der Mitgliedstaaten stieß.
- Da die europäischen Staaten sich nur sehr begrenzt und zögerlich auf gemeinsame Asylstandards und eine Teilung der Verantwortung für Schutzsuchende einigen konnten, gewann das politische Bemühen an Gewicht, Asylsuchende gar nicht erst europäische Grenzen erreichen zu lassen.

© Der/die Herausgeber bzw. der/die Autor(en) 2021
J. Oltmer, *Die Grenzen der EU*, essentials,
https://doi.org/10.1007/978-3-658-33213-6

Literatur

Arango, Joaquin. 2012. Early Starters and Latecomers: Comparing Countries of Immigration and Immigration Regimes in Europe. In *European Immigrations. Trends, Structures and Policy Implications*, Hrsg. Marek Okólski, 45–63. Amsterdam: Amsterdam University Press.

Bach, Olaf. 2020. Ein Ende der Geschichte? Entstehung, Strukturveränderungen und die Temporalität der Globalisierungssemantik seit dem Zweiten Weltkrieg. *Vierteljahrshefte für Zeitgeschichte* 68: 128–154.

Balch, Alex und Andrew Geddes. 2011. The Development of the EU Migration and Asylum Regime. In *Migration and the New Technological Borders of Europe*, Hrsg. Huub Dijstelbloem und Albert Meijer, 22–39. Basingstoke: Palgrave Macmillan.

Baumann, Mechtild. 2009. Der entgrenzte Staat? Vom deutschen zum europäischen Grenzschutz. In *Ordnung und Wandel als Herausforderungen für Staat und Gesellschaft*, Hrsg. Astrid Lorenz und Werner Reutter, 399–420. Opladen: Budrich.

Bendel, Petra. 2017. *EU-Flüchtlingspolitik in der Krise. Blockaden, Entscheidungen, Lösungen*. Berlin: Friedrich Ebert-Stiftung.

Bendel, Petra und Ariadna Ripoll Servent. 2018. Asylum and Refugee Protection: EU Policies in Crisis. In *The Routledge Handbook of Justice and Home Affairs Research*, Hrsg. Ariadna Ripoll Servent und Florian Trauner, 59–70. London: Routledge.

Berend, Iván Tibor. 2016. *The History of European Integration. A New Perspective*. London: Routledge.

Berlinghoff, Marcel. 2013. *Das Ende der „Gastarbeit". Europäische Anwerbestopps 1970–1974*. Paderborn: Schöningh.

Bossong, Raphael. 2019. *The Expansion of Frontex. Symbolic Measures and Long-term Changes in EU Border Management*. Berlin: Stiftung Wissenschaft und Politik.

Boswell, Christina und Andrew Geddes. 2011. *Migration and Mobility in the European Union*. Basingstoke: Palgrave Macmillan.

Brumat, Leiza und Diego Acosta. 2019. Three Generations of Free Movement of Regional Migrants in Mercosur. Any Influence from the EU? In *The Dynamics of Regional Migration Governance*, Hrsg. Andrew Geddes, Marcia Vera Espinoza, Leila Hadj Abdou und Leiza Brumat, 54–72. Cheltenham: Edward Elgar.

Brunn, Gerhard. 2017. *Die Europäische Einigung. Von 1945 bis heute*. 4. Auflage. Ditzingen: Reclam.

Calic, Marie-Janine. 2006. Die „ethnischen Säuberungen" im ehemaligen Jugoslawien. In *Definitionsmacht, Utopie, Vergeltung. „Ethnische Säuberungen" im östlichen Europa des 20. Jahrhunderts*, Hrsg. Ulf Brunnbauer, 125–143. Berlin: Lit.

Clemens, Gabriele, Alexander Reinfeldt und Gerhard Wille. 2008. *Geschichte der europäischen Integration*. Paderborn: UTB.

Collomp, Catherine. 2003. Labour Unions and the Nationalisation of Immigration Restrictions in the United States, 1880–1924. In *Migration Control in the North Atlantic World. The Evolution of State Practices in Europe and the United States from the French Revolution to the Inter-War Period*, Hrsg. Andreas Fahrmeir, Olivier Faron und Patrick Weil, 237–252. New York: Berghahn.

Dick, Eva und Benjamin Schraven. 2018. *Afrika ohne Grenzen? Regionalorganisationen und Personenfreizügigkeit in West- und Nordostafrika*. Bonn: Deutsches Institut für Entwicklungspolitik.

Dietz, Barbara. 2016. Die Bundesrepublik Deutschland im Fokus neuer Ost-West-Wanderungen. In *Handbuch Staat und Migration in Deutschland seit dem 17. Jahrhundert*, Hrsg. Jochen Oltmer, 999–1019. Berlin: De Gruyter.

Dijstelbloem, Huub, Albert Meijer und Michiel Besters. 2011. The Migration Maschine. In *Migration and the New Technological Borders of Europe*, Hrsg. Huub Dijstelbloem und Albert Meijer, 1–21. Basingstoke: Palgrave Macmillan.

Dowty, Alex. 1987. *Closed Borders. The Contemporary Assault on Freedom of Movement*. New Haven: Yale University Press.

Eckel, Jan. 2020. Politik der Globalisierung. Clinton, Blair, Schröder und die Neuerfindung der Welt in den 1990er und 2000er Jahren. *Vierteljahrshefte für Zeitgeschichte* 68: 451–480.

Elvert, Jürgen. 2013. *Die europäische Integration*. 2. Auflage. Darmstadt: Wissenschaftliche Buchgesellschaft.

Engbersen, Godfried, Marek Okólski, Richard Black und Cristina Panţîru. 2010. Introduction. Working out a Way from East to West. EU Enlargement and Labour Migration from Central and Eastern Europe. In *A Continent Moving West? EU Enlargement and Labour Migration from Central and Eastern Europe*, Hrsg. Richard Black, Godfried Engbersen, Marek Okólski und Cristina Panţîru, 7–22. Amsterdam: Amsterdam University Press.

Espahangizi, Kijan. 2021. „Migration". Ein neues Konzept zwischen Politik und Wissenschaft in der Schweiz 1987–1995. *Zeitschrift für Migrationsforschung* 1 (2). https://doi.org/10. 48439/zmf.v1i2.109

Fahrmeir, Andreas. 2001. Governments and Forgers: Passports in Nineteenth-Century Europe. In *Documenting Individual Identity. The Development of State Practices in the Modern World*, Hrsg. Jane Caplan und John Torpey, 218–234. Princeton: Princeton University Press.

Fink, Melanie. 2018. *Frontex and Human Rights*. Oxford: Oxford University Press.

Galgóczi, Béla, Janine Leschke und Andrew Watt. 2012. EU Labour Migration and Labour Markets in Troubled Times. In *EU Labour Migration in Troubled Times. Skills, Mismatch, Return and Policy Responses*, Hrsg. Béla Galgóczi, Janine Leschke und Andrew Watt, 1–44. London: Routledge.

Gammeltoft-Hansen, Thomas. 2011. *Access to Asylum. International Refugee Law and the Globalisation of Migration Control*. Cambridge: Cambridge University Press.

Gehler, Michael. 2018. *Europa. Ideen – Institutionen – Vereinigung – Zusammenhalt*. 3. Auflage. Reinbek: Lau.

Geiger, Martin und Antoine Pécoud, Hrsg. 2010. *The Politics of International Migration Management*. Basingstoke: Palgrave Macmillan.

Gering, Thomas. 1998. Die Politik des koordinierten Alleingangs. Schengen und die Abschaffung der Personenkontrollen an den Binnengrenzen der Europäischen Union. *Zeitschrift für Internationale Beziehungen* 5: 43–78.

Glorius, Birgit und Josefina Domínguez-Mujica. 2017. Introduction. In *European Mobility in Times of Crisis. The New Context of European South-North Migration*, Hrsg. Birgit Glorius und Josefina Domínguez-Mujica, 7–13. Bielefeld: transcript.

Goedings, Simone. 2005. *Labor Migration in an Integrating Europe. National Migration Policies and the Free Movement of Workers 1950–1968*. Den Haag: Sdu Uitgevers.

Grabbe, Heather. 2000. The Sharp Edges of Europe. Extending Schengen Eastwards. *International Affairs* 76: 519–536.

Huysmans, Jef. 2000. The European Union and the Securitization of Migration. *Journal of Common Market Studies* 38: 751–777.

Kaczmarczyk, Pawel. 2010. Brains on the Move? Recent Migration of the Highly Skilled from Poland and its Consequences. In *A Continent Moving West? EU Enlargement and Labour Migration from Central and Eastern Europe*, Hrsg. Richard Black, Godfried Engbersen, Marek Okólski und Cristina Panţîru, 165–186. Amsterdam: Amsterdam University Press.

Laube, Lena. 2010. *Wohin mit der Grenze? Die räumliche Flexibilisierung von Grenzkontrolle in vergleichender Perspektive*. Bremen: Universität.

Lavenex, Sandra, Flavia Jurje, Terri E. Givens und Ross Buchanan. 2016. Regional Migration Governance. In *The Oxford Handbook of Comparative Regionalism*, Hrsg. Tanja A. Börzel und Thomas Risse, 457–485. Oxford: Oxford University Press.

Lavenex, Sandra. 2001. *The Europeanisation of Refugee Policies. Between Human Rights and Internal Security*. Aldershot: Ashgate.

Layton-Henry, Zig. 1992. *The Politics of Immigration: Immigration, Race and Race Relations in Post-War Britain*. Oxford: Blackwell.

Lin, Weiqiang, Johan Lindquist, Biao Xiang und Brenda S. A. Yeoh. 2017. Migration Infrastructures and the Production of Migrant Mobilities. *Mobilities* 12: 167–174.

Loth, Wilfried. 2014. *Europas Einigung. Eine unvollendete Geschichte*. Frankfurt a. M.: Campus.

Lucassen, Leo. 1998. The Great War and the Origins of Migration Control in Western Europe and the United States (1880–1920). In *Regulation of Migration*, Hrsg. Anita Böcker, 45–72. Amsterdam: Het Spinhuis.

Marin, Luisa. 2011. Is Europe Turning into a „Technological Fortress"? Innovation and Technology for the Management of EU's External Borders. In *Regulating Technological Innovation*, Hrsg. Michiel A. Heldeweg, 131–151. Basingstoke: Palgrave Macmillan.

Mau, Steffen, Fabian Gülzau, Lena Laube und Natascha Zaun. 2015. The Global Mobility Divide: How Visa Policies Have Evolved over Time. *Journal of Ethnic and Migration Studies* 41: 1192–1213.

Mazurkiewicz, Anna, Hrsg. 2019. *East Central European Migrations during the Cold War. A Handbook*. Berlin: De Gruyter.

Menz, Georg. 2010. The Privatization and Outsourcing of Migration Management. In *Labour Migration in Europe*, Hrsg. Georg Menz und Alexander Caviedes, 183–205. Basingstoke: Palgrave Macmillan.

Middelaar, Luuk van. 2017. *Vom Kontinent zur Union. Gegenwart und Geschichte des vereinten Europa.* Bonn: Bundeszentrale für politische Bildung.

Mintchev, Vesselin und Venelin Boshnakov. 2010. Return Migration and Development Prospects after EU Integration. Empirical Evidence from Bulgaria. In *A Continent Moving West? EU Enlargement and Labour Migration from Central and Eastern Europe*, Hrsg. Richard Black, Godfried Engbersen, Marek Okólski und Cristina Panţîru, 231–248. Amsterdam: Amsterdam University Press.

Mittag, Jürgen. 2008. *Kleine Geschichte der Europäischen Union. Von der Europaidee bis zur Gegenwart.* Münster: Aschendorff.

Morawska, Ewa. 1999. *The New-Old Transmigrants, their Transnational Lives, and Ethnicization. A Comparison of 19th/20th and 20th/21th C. Situations.* San Domenico: European University Institute.

Münz, Rainer, Wolfgang Seifert und Ralf Ulrich. 1997. *Zuwanderung nach Deutschland. Strukturen, Wirkungen, Perspektiven,* Frankfurt a. M.: Campus.

Oltmer, Jochen. 2005. *Migration und Politik in der Weimarer Republik.* Göttingen: Vandenhoeck & Ruprecht.

Oltmer, Jochen. 2014. Das europäische Arbeitsmigrationsregime seit dem Zweiten Weltkrieg. In *Europäische Wirtschafts- und Sozialgeschichte*, Hrsg. Christian Kleinschmidt, Jan-Otmar Hesse, Alfred Reckendrees und Ray Stockes, 127–157. Baden-Baden: Nomos.

Oltmer, Jochen. 2018. Migration. In: *Handbuch Staat*, Hrsg. Rüdiger Voigt, 1535–1545. Wiesbaden: Springer VS.

Oltmer, Jochen. 2020. 1921: Neue US-Quotenregelungen und der Wandel der deutschen Migrationsverhältnisse. In *Deutschland. Globalgeschichte einer Nation*, Hrsg. Andreas Fahrmeir, 536–540. München: C.H. Beck.

Oltmer, Jochen, Axel Kreienbrink und Carlos Sanz Diaz, Hrsg. 2012. *Das „Gastarbeiter"-System. Arbeitsmigration und ihre Folgen in der Bundesrepublik Deutschland und Westeuropa.* München: Oldenbourg.

Paßwesen. 1864. In *Das Staats-Lexikon. Encyklopädie der sämmtlichen Staatswissenschaften für alle Stände.* Bd. 11, 329–332. 3. Auflage. Leipzig: Brockhaus.

Patel, Kiran Klaus. 2018. *Projekt Europa. Eine kritische Geschichte.* München: C.H. Beck.

Potot, Swanie. 2010. Transitioning Strategies of Economic Survival. Romanian Migration during the Transition Process. In *A Continent Moving West? EU Enlargement and Labour Migration from Central and Eastern Europe*, Hrsg. Richard Black, Godfried Engbersen, Marek Okólski und Cristina Panţîru, 249–269. Amsterdam: Amsterdam University Press.

Pudlat, Andreas. 2013. *Schengen. Zur Manifestation von Grenze und Grenzschutz in Europa.* Hildesheim: Olms.

Rass, Christoph A. 2010. *Institutionalisierungsprozesse auf einem internationalen Arbeitsmarkt: Bilaterale Wanderungsverträge in Europa zwischen 1919 und 1974.* Paderborn: Schöningh.

Rogers, Nicola, Rick Scannel und John Walsh. 2012. *Free Movement of Persons in the Enlarged European Union.* 2. Auflage. London: Sweet & Maxwell.

Romero, Federico. 2015. Migration as an Issue in European Interdependence and Integration. The Case of Italy. In *The Frontier of National Sovereignty. History and Theory 1945–1992*, Hrsg. Alan S. Milward, Frances Lynch, Federico Romero, Ruggero Ranieri und Vibeke Sorenson, 33–58. London: Routledge.

Selm, Joanne van. 1998. *Refugee Protection in Europe. Lessons of the Yugoslav Crisis.* Den Haag: Nijhoff.

Siebold, Angela. *ZwischenGrenzen. Die Geschichte des Schengen-Raums aus deutschen, französischen und polnischen Perspektiven.* Paderborn: Schöningh.

Sparschuh, Olga. 2019. *Fremd in der Heimat und der Ferne. Italienische Arbeitsmigranten in Turin und München 1953–1973.* Dissertation. Berlin: Freie Universität.

Statistisches Bundesamt 2017. *Bevölkerung und Erwerbstätigkeit. Wanderungen 2015.* Wiesbaden: Statistisches Bundesamt.

Thiemeyer, Guido. 2018. *Europäische Integration. Motive – Prozesse – Strukturen.* Köln: Böhlau.

Torpey, John. 2000. *The Invention of the Passport. Surveillance, Citizenship and the State.* Cambridge: Cambridge University Press.

Usherwood, Simon und John Pinder. 2018. *The European Union.* 4. Auflage. Oxford: Oxford University Press.

Walton-Roberts, Margaret und Jenna Hennebry, Hrsg. 2014. *Territoriality and Migration in the E.U. Neighbourhood.* Dordrecht: Springer.

Wirsching, Andreas. 2012. *Der Preis der Freiheit. Geschichte Europas in unserer Zeit.* München: C.H. Beck.

Wirsching, Andreas. 2020. „Kaiser ohne Kleider"? Der Nationalstaat und die Globalisierung. *Vierteljahrshefte für Zeitgeschichte* 68: 659–685.

Xiang, Biao und Johan Lindquist. 2014. Migration Infrastructure. *International Migration Review* 48: 122–148.

Printed in the United States
by Baker & Taylor Publisher Services